Stephan Becher
Schnell und erfolgreich studieren

Stephan Becher

Schnell und erfolgreich studieren

Organisation, Zeitmanagement, Arbeitstechniken

2., überarbeitete und aktualisierte Auflage

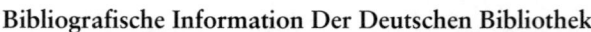

Bibliografische Information Der Deutschen Bibliothek
Die Deutsche Bibliothek verzeichnet diese Publikation in der Deutschen
Nationalbibliografie; detaillierte bibliografische Daten sind im Internet
über http://dnb.ddb.de abrufbar.

Lexika Verlag erscheint bei Krick Fachmedien GmbH + Co. KG, Würzburg

© 2003 Krick Fachmedien GmbH + Co. KG, Würzburg
Druck: Schleunungdruck, Marktheidenfeld
Printed in Germany
ISBN 3-89694-414-2

Vorwort zur 2. Auflage

Diejenigen, die die erste Auflage dieses Ratgebers kurz nach dem Erscheinungstermin im Herbst 1998 als Studienanfänger und -anfängerinnen in die Hand genommen haben, dürften ihr Studium inzwischen überwiegend beendet haben. Der typische Ablauf eines Studiums hat sich seitdem nur unwesentlich geändert. Einige Entwicklungen der letzten Jahre, wie etwa der wachsende Anteil von Bachelor- und Masterstudiengängen, die Einführung von Freiversuchsregelungen in den Prüfungsordnungen und nicht zuletzt die ständig zunehmende Bedeutung von PCs als unverzichtbares Werkzeug machen jedoch einige Änderungen und Ergänzungen gegenüber der ersten Auflage erforderlich.

Aufgrund von Kommentaren der Leserinnen und Leser der ersten Auflage wurde in der zweiten Auflage ein größeres Gewicht auf die Finanzierung des Studiums gelegt, da dieses Problem einem schnellen Studienabschluss oft entgegensteht. Diesem Thema wurde sogar ein eigener Abschnitt gewidmet.

Das Internet ist inzwischen als universelles Informations- und Kommunikationsmedium aus dem Studienalltag kaum noch wegzudenken. Entsprechend wurden in der zweiten Auflage zahlreiche Verweise auf Internetseiten aufgenommen, die zusätzliche Informationsquellen bieten. Da sich das Internet immer noch mit raschem Tempo weiterentwickelt und ständig neue Seiten entstehen und bereits existierende wieder entfernt oder nicht mehr aktualisiert werden, ist allerdings damit zu rechnen, dass einige der hier angegebenen Verweise innerhalb der nächsten Jahre ihre Gültigkeit verlieren werden. Seien Sie also nicht enttäuscht, wenn ein „Link" auf eine viel versprechende Internetseite ins Leere führt. Es gibt mit Sicherheit einen Ersatz, der mindestens ebenso nützlich ist.

Ulm, im September 2003, Stephan Becher

Vorwort zur 1. Auflage

Der Wechsel von der Schule zur Universität ist für fast alle Studienanfänger ein Sprung ins kalte Wasser. Obwohl er nicht immer mit einem Auszug aus dem Elternhaus verbunden ist, stellen sich doch auf einen Schlag zahlreiche neue Anforderungen, die es zu meistern gilt. Während Schüler zum regelmäßigen Besuch des Unterrichts verpflichtet sind, täglich ihre Hausaufgaben machen und ständig auf mündliche Lernkontrollen vorbereitet sein müssen, besitzen Studenten ein ungleich höheres Maß an Selbstverantwortung. Die Teilnahme an Vorlesungen und den meisten anderen Veranstaltungen ist freiwillig und wird von niemandem kontrolliert. Hausaufgaben gibt es nicht. Wer gerade keine Lust hat, eine Klausur zu schreiben oder zur mündlichen Prüfung zu gehen, lässt es eben bleiben. Die negativen Folgen zeigen sich erst viel später, etwa wenn man nach sechs oder mehr Semestern noch ohne Zwischenprüfungszeugnis dasteht.

Mit der Freiheit, sein Studium selbst zu gestalten, übernimmt man als Student zugleich die volle Verantwortung für den Erfolg des Studiums. Fast alle Studienanfänger und auch viele ältere Studenten sind damit jedoch überfordert. Mängel bei der Organisation, fehlendes Zeitmanagement und ineffiziente Arbeitstechniken führen zu langen Studienzeiten und schlechten Examensnoten. In zahlreichen Fällen wird das Studium sogar vorzeitig abgebrochen.

Aber es geht auch anders. Wer die richtigen Techniken kennt und sie konsequent anwendet, kommt in seinem Studium zügig voran und erzielt am Ende eine gute Examensnote. Ein überdurchschnittlich hoher Arbeitseinsatz ist dazu nicht erforderlich.

Doch ist es überhaupt erstrebenswert, möglichst schnell zu studieren? Bringt das Studentenleben nicht zahlreiche Privilegien mit sich, die das spätere Berufsleben nicht zu bieten hat, insbesondere ein hohes Maß an Selbstbestimmung und persönlicher Freiheit? Das ist sicherlich richtig. Andererseits hat auch das Berufsleben gerade für einen jungen Akademiker unbestrittene Vorzüge. Es gibt kein Büffeln bis spät in die Nacht mehr, keine Prüfungsängste und kaum noch finanzielle Einschränkungen. Von den langen Semesterferien, die oft zugunsten des Studentenlebens angeführt werden, bleibt ohnehin nicht viel übrig, wenn man den größten Teil davon mit Ferienjobs, Praktika und Prüfungsvorbereitungen verbringen muss.

Die so genannten „gesellschaftlichen Zwänge", denen ein Berufstätiger unterliegt, werden von Studenten in aller Regel hoffnungslos überschätzt. Diese vermeintlichen Einschränkungen der persönlichen Freiheit werden zudem durch die Befriedigung, nach all den Jahren des Lernens endlich sein Wissen in die Praxis umsetzen zu können, kompensiert. Und schließlich gilt es zu bedenken, dass potenzielle Arbeitgeber heute mehr denn je Wert auf das Alter von Bewerbern legen. Wer sein Studium zügig absolviert, hat mithin bessere Chancen, eine adäquate Anstellung zu finden. Schon allein deshalb lohnt sich ein schnelles Studium, denn was nützt ein um zwei oder drei Jahre verlängertes Studentendasein, wenn man sich damit die Aussichten auf das spätere Berufsleben, das immerhin 30 bis 40 Jahre dauern kann, verbaut?

Der vorliegende Ratgeber wendet sich sowohl an Studienanfänger als auch an Studenten, die bereits einige Semester hinter sich haben und sich nun eingestehen müssen, dass sie mit ihrem Studium nicht so recht klarkommen. Zahlreiche Techniken, die zu einem schnellen und erfolgreichen Abschluss des Studiums verhelfen sollen, werden ausführlich erläutert und anhand von Beispielen veranschaulicht.

Die Beispiele beziehen sich jeweils auf konkrete Studiengänge und können deshalb keinen Anspruch auf Allgemeingültigkeit erheben. Der Studienverlauf und die zu erbringenden Leistungen hängen naturgemäß sehr stark vom Studienfach und teilweise auch von der Universität ab. Während etwa das Hauptstudium geisteswissenschaftlicher Studiengänge überwiegend aus Vorlesungen, Seminaren und Fortgeschrittenenübungen besteht, stehen in natur- und ingenieurwissenschaftlichen Studiengängen neben Vorlesungen vor allem Laborpraktika im Vordergrund. Das ändert jedoch nichts daran, dass die meisten der den Beispielen zugrunde liegenden Techniken auch in gänzlich andersartigen Studiengängen anwendbar sein dürften. Mit typischen Problemen, wie der Aufstellung von Stundenplänen, Recherchieren von Fachliteratur, Anfertigung schriftlicher Hausarbeiten, Prüfungsangst und nicht zuletzt der eigenen Arbeitsdisziplin haben schließlich Studenten aller Fachrichtungen zu kämpfen.

Rein theoretische Erkenntnisse über Zeitmanagement, Organisations- und Arbeitstechniken lassen sich oftmals nur schwer in die Praxis umsetzen. Die hier beschriebenen Techniken basieren deshalb überwiegend auf praktischen Erfahrungen, die ich in zwei unterschiedlichen Hochschulstudien (Elektrotechnik und Volkswirtschaftslehre) gesammelt habe.

Wenn hier von „Studenten", „Professoren", „Akademikern" usw. die Rede ist, sind stets beide Geschlechter gemeint. Die deutsche Sprache erlaubt es bekanntermaßen in vielen Fällen, unter der maskulinen Form weibliche und männliche Personen einer Gruppe zusammenzufassen, ohne dass Frauen und Männer getrennt genannt werden müssen. Die ständige Wiederholung von Phrasen wie „Studentinnen und Studenten …" oder „des Professors bzw. der Professorin …" würde pedantisch wirken und die Lesbarkeit des Textes beeinträchtigen. Die Verwendung der maskulinen Form sollte von den Leserinnen dieses Ratgebers also keinesfalls als Geringschätzung ihres Geschlechts missverstanden werden. Einen gewissen Ausgleich bieten die Fallbeispiele, die sich ausschließlich auf Studentinnen beziehen.

Nicht zuletzt muss ich eingestehen, dass mich nicht etwa Vertreter meines eigenen Geschlechts, sondern drei junge Damen bei der Erstellung des Manuskripts zu diesem Ratgeber maßgeblich unterstützt haben. Dr. Monika Becher, Dr. Ulrike Kirchhoff und Gabriele Luce haben die diversen Textentwürfe sorgfältig gelesen und mit mir darüber diskutiert. Einige wichtige Ergänzungen gehen auf ihre Anregungen zurück. Dafür bin ich ihnen zu großem Dank verpflichtet.

Bad Karlshafen, im März 1998, Stephan Becher

Inhaltsverzeichnis

1 Einführung

1.1 Ursachen langer Studienzeiten

Mit schöner Regelmäßigkeit werden von Politikern, Arbeitgebern und Journalisten die langen Studienzeiten an deutschen Hochschulen beklagt. Studienzeiten von 13 oder mehr Semestern bis zum ersten Abschluss gelten gemeinhin als zu hoch. Abb. 1 gibt eine Übersicht über die durchschnittliche Studiendauer des Examensjahrgangs 2000 in einigen der am häufigsten absolvierten Studiengänge.

Studienfach	Semester
Betriebswirtschaftslehre	11,2
Informatik	13,9
Rechtswissenschaft	9,8
Maschinenbau/-wesen	14,1
Wirtschaftswissenschaften	11,8
Elektrotechnik/Elektronik	13,5
Medizin (Allg.-Medizin)	13,2
Bauingenieurwesen/Ingenieurbau	12,5
Architektur	12,8
Physik	12,7
Germanistik/Deutsch	12,9
Biologie	12,2
Chemie	12,5
Politikwissenschaft/Politologie	12,0
Erziehungswissenschaft (Pädagogik)	11,6
Volkswirtschaftslehre	11,7

Quelle: Statistisches Bundesamt, 2002

Abb. 1: Fachstudiendauer an deutschen Hochschulen (Examensjahrgang 2000)

Konkrete Maßnahmen zu einer Verkürzung der Studienzeiten werden allerdings nur selten in Angriff genommen. Meist beschränkt man sich auf wenig erfolgreiche Appelle an Professoren und Studenten. Auf die Kernpunkte der öffentlichen Diskussion über die Ursachen der langen Studienzeiten wird im Folgenden kurz eingegangen.

Zu viel Ballast

Fast alle Studienfächer sind mit einem hohen Anteil an Lernstoff überfrachtet, dessen Nutzen für die spätere Berufspraxis eher fraglich ist. Sofern Sie selbst schon studieren, werden Sie dem gewiss zustimmen und sofort mehrere Prüfungsfächer nennen können, die Ihrer Meinung nach überflüssig sind. Selbst in natur- und ingenieurwissenschaftlichen Studiengängen werden heute noch viele Dinge gelehrt, die bereits seit Jahrzehnten allenfalls historisches Interesse beanspruchen können.

Alle Versuche, einzelne Studiengänge inhaltlich zu straffen, sind jedoch bisher am erbitterten Widerstand der Professoren gescheitert. Fast jeder Hochschullehrer hält gerade das von ihm vertretene Fachgebiet für so wichtig, dass er jeden Vorschlag, bestimmte Teilgebiete auszulassen, mit dem Argument, diese seien „unverzichtbar", entschieden zurückweist.

Ferienjobs und Nebenbeschäftigungen

Viele Studenten sind gezwungen, zur Finanzierung ihres Studiums nebenbei zu jobben oder in den Ferien zu arbeiten. Sie können sich somit nicht mit vollem Einsatz ihrem Studium widmen. Das führt unweigerlich zu einer zeitlichen Streckung des Studiums.

Mit einer besseren finanziellen Unterstützung der Studenten durch den Staat ließe sich dieses Problem zwar lösen. Dem wird aber oft entgegengehalten, dass dann weniger Anreize bestünden, das Studium zügig zu beenden. Der gewünschte Erfolg wäre also keinesfalls gesichert.

Fehlende Motivation

Eine besonders an Stammtischen recht verbreitete These über die Ursachen langer Studienzeiten basiert auf der Behauptung, die meisten Studenten zögerten das Ende ihres Studiums in voller Absicht hinaus, um sich vor so genannter „richtiger Arbeit" zu drücken.

Dennoch kann als sicher gelten, dass die überwiegende Mehrzahl der Studenten aus vielerlei Gründen (vgl. Kapitel 1.2) kein Interesse daran hat, das Studium unnötig in die Länge zu ziehen. Der Versuch, einen Teil der Studenten durch die Einführung von Regelstudienzeiten und die damit verbundene zeitliche Begrenzung des Bezugs von BAföG-Leistungen (vgl. Kapitel 1.4, BAföG-Leistungen) finanziell unter Druck zu setzen, hatte nicht den gewünschten Erfolg. Die Wirkung dieser Maßnahme war dem erklärten Ziel sogar abträglich, da die ehemaligen BAföG-Bezieher nun ihren Lebensunterhalt durch Ferienjobs und Nebenbeschäftigungen finanzieren mussten.

Mangelnde Effizienz

Durch schlechte Organisation, fehlendes Zeitmanagement und ineffiziente Arbeitstechniken verlieren fast alle Studenten viel Zeit in ihrem Studium. Da traditionell sowohl in der Schule als auch an der Universität die Vermittlung von reinem Fachwissen im Vordergrund steht, werden diese Themen meist vollkommen vernachlässigt. Wer effizient studieren möchte, ist in der Regel auf sich allein gestellt.

Dabei ist eine Steigerung der Studieneffizienz fast immer möglich. Die meisten Studenten könnten ihr Studium ohne eine einzige Minute Mehrarbeit um einige Semester verkürzen, indem sie das Studium richtig organisieren, die zum Lernen aufgewendete Zeit besser aufteilen und effizientere Arbeitstechniken anwenden. Der vorliegende Ratgeber soll bei der Ausschöpfung dieser Potenziale helfen.

✔ **Was sind die Ursachen langer Studienzeiten?**

☐ Die Studieninhalte enthalten zu viel überflüssigen Ballast.

☐ Viele Studenten können ihren Lebensunterhalt nur durch Ferienjobs und Nebenbeschäftigungen finanzieren.

☐ Das künftige Berufsleben erscheint vielen Studenten als wenig erstrebenswert.

☐ Die meisten Studenten studieren sehr ineffizient.

1.2 Schnell studieren – warum überhaupt?

Sofern Sie sich bisher noch wenig Gedanken über die Dauer Ihres Studiums gemacht haben, ist zunächst einmal die Frage zu klären, was aus Ihrer eigenen Interessenlage heraus für bzw. gegen ein zügiges Studium spricht. Folgende Punkte sind in diesem Zusammenhang wichtig:

- Lebensqualität
- Arbeitsaufwand
- Examensnote
- Berufschancen
- Einkommen

Lebensqualität

Die Gegenüberstellung der Lebensqualität von Studenten und Berufstätigen ist mitunter Thema recht emotional geführter Diskussionen. Verstehen Sie die folgenden Ausführungen deshalb bitte lediglich als eine Ansammlung von Gedanken zu diesem Thema, die keinen Anspruch auf Objektivität, Vollständigkeit oder Systematik erhebt.

Ein schneller Abschluss des Studiums wird von vielen Studenten vor allem deshalb nicht als vordringlich angesehen, weil sie das Studentenleben dem unattraktiv erscheinenden Berufsleben vorziehen. Schließlich genießt man als Student zahlreiche persönliche Freiheiten, von denen ein Berufstätiger nur träumen kann. Wer möchte schon freiwillig seine fast unbegrenzte Selbstbestimmung und die langen Semesterferien gegen eine feste Arbeitszeit mit nur wenigen Wochen Urlaub im Jahr eintauschen?

Weit verbreitet ist auch die Meinung, berufstätige Akademiker unterlägen zahlreichen gesellschaftlichen Zwängen, etwa in Bezug auf das äußere Erscheinungsbild oder den Bekanntenkreis. Allerdings werden die gesellschaftlichen Zwänge, denen Berufstätige üblicherweise unterliegen, in Studentenkreisen oft überbewertet. Entsprechenden Zwängen unterliegt man nämlich auch als Student. Wer beispielsweise wagt, in einer Grundstudiumsvorlesung eine Krawatte zu tragen, wird genauso dumm angesehen wie ein Manager, der in ausgewaschenen Jeans zu einer Vorstandsbesprechung erscheint. Die ungeschriebenen Gesetze des Studentenlebens werden jedoch generell als weniger drückend empfunden, weil Studenten in Bezug auf Alter, Bildung und Interessen eine vergleichsweise homogene Gruppe bilden. In eine solche Gruppe kann sich der Einzelne naturgemäß leicht integrieren, ohne dass ihm die vielfältigen Verhaltensnormen überhaupt bewusst werden.

Ob Sie später bereit sind, sich im Berufsleben den von älteren Kollegen und Vorgesetzten aufgestellten Verhaltensnormen zu unterwerfen, ist aber letztendlich Ihre eigene Entscheidung. Abgesehen von wenigen Ausnahmen wird kaum jemand gezwungen, sich vollständig anzupassen. Wer seinem persönlichen Stil eine hohe Priorität einräumt, wird nach anfänglichem Unverständnis der Kollegen im Laufe der Zeit zumindest Akzeptanz und wahrscheinlich sogar Anerkennung oder eine gewisse Bewunderung ob seiner Unkonventionalität gewinnen.

Bei Ihrem Urteil über das Berufsleben sollten Sie außerdem berücksichtigen, dass Sie es als Schüler oder Student überwiegend aus Ferienjobs oder Nebenbeschäftigungen kennen. Diese Art von Arbeit zeichnet sich im Allgemeinen durch geringe Qualifikationsanforderungen, niedrigen Lohn, starre Arbeitszeiten und gelegentlich sogar rüde Umgangsformen aus. Sie sollte keinesfalls mit der typischen Berufspraxis eines jungen Akademikers verwechselt werden, die in fast jeder Hinsicht weitaus angenehmer ist.

Nicht zuletzt ist es außerordentlich befriedigend, nach fast 20 Jahren Lernen (angefangen mit der Grundschule) nun endlich das Gelernte in die Praxis umsetzen zu können. Wer etwa Rechtswissenschaften studiert, wird den Sinn seines Lebens kaum darin sehen, Gesetzestexte zu büffeln und fiktive Fälle zu lösen. Derjenige, der sich auf die Berufspraxis nicht freut, sondern den künftigen Beruf nur als Notwendigkeit zur Bestreitung seines Lebensunterhalts ansieht, ist nur zu bedauern.

Viele ältere Akademiker bezeichnen ihre Studienzeit dennoch im Nachhinein als „die schönste Zeit des Lebens". Vermutlich haben sie beim Rückblick auf ihr Studentenleben hauptsächlich dessen angenehme Seiten im Sinn. Langweilige Vorlesungen, Prüfungsängste, mit Lehrbüchern verbrachte Nächte und nicht zuletzt die erheblichen finanziellen Einschränkungen werden nur allzu schnell verdrängt. Der Verdacht liegt nahe, dass sie weniger das Studentenleben als vielmehr ihre Jugend zurücksehnen. Denn alles andere kann man auch später noch haben.

Der Eintritt ins Berufsleben muss also durchaus nicht einer Art Unterwerfung gleichkommen, die es gilt, so lange wie möglich hinauszuzögern. Der Abschluss des Studiums entbindet Sie vielmehr von den Belastungen, denen Sie als Student ausgesetzt sind, und eröffnet zahlreiche neue Chancen. Wer bereit ist, sich diesen Herausforderungen zu stellen und sein Leben selbst in die Hand zu nehmen, wird dem Abschluss seines Studiums erwartungsvoll entgegensehen.

Arbeitsaufwand

Das zweite wichtige Argument, das viele Studenten besonders im Kreise der Kommilitonen gegen ein zügiges Studium vorbringen, ist die Behauptung, ein zügiges Studium erfordere ein höheres Arbeitspensum und sei mit mehr Stress verbunden. Die Rechnung ist einfach: Wer eine gegebene Anzahl von Prüfungen, Seminaren, Hausarbeiten usw. statt in 14 Semestern in nur zehn Semestern absolvieren will, muss pro Semester entsprechend mehr lernen.

Diese Behauptung basiert indes auf der irrigen Annahme, die insgesamt für das Studium aufzuwendende Arbeitszeit sei fest vorgegeben. Die nahe liegende Vermutung, ein höheres Tempo erfordere auch eine höhere Anstrengung, gilt zwar für viele Sportarten, lässt sich aber nicht ohne weiteres aufs Studieren übertragen. Ein Marathonläufer hat immer die gleiche Strecke vor sich und wird deshalb umso früher im Ziel ankommen, je schneller er läuft. Ein Studium ist aber kein Marathonlauf. Sie können auf Ihrem Weg zum Examen zahlreiche Abkürzungen nehmen und so das Ziel schneller und bequemer erreichen als diejenigen, die stur den ausgetretenen Pfaden folgen. Wer beispielsweise seine Prüfungen grundsätzlich zum frühestmöglichen Zeitpunkt absolviert, braucht in der Regel weniger zu lernen, weil der Lernstoff der zugehörigen Vorlesungen noch relativ frisch im Gedächtnis ist. Der Zeitaufwand für Prüfungsvorbereitungen kann durch diese Strategie erheblich reduziert werden.

Im Kapitel 8 dieses Ratgebers wird anhand eines Vergleichs zweier fiktiver Studienverläufe gezeigt, dass ein, durch eine gleichmäßige Verteilung des Arbeitspensums charakterisiertes, zügiges Studium nicht zwangsläufig einen höheren Arbeitsaufwand erfordert und zudem weniger Stress verursachen kann als ein langsames Studium mit stark schwankender Arbeitsintensität. Sofern Sie an der Richtigkeit dieser Aussage zweifeln, schieben Sie das Kapitel 8 doch einfach an dieser Stelle ein, und fahren Sie erst danach mit dem nächsten Abschnitt fort.

Examensnote

Oft wird die These geäußert, durch eine zeitliche Streckung des Studiums könne man bessere Noten herausschlagen. Schließlich stehe entsprechend mehr Zeit für Prüfungsvorbereitungen zur Verfügung, und man müsse sich um weniger anstehende Prüfungen gleichzeitig kümmern. In den Statistiken der Prüfungsämter zeigt sich indes fast immer ein genau entgegengesetzter Zusammenhang. Absolventen mit einer niedrigen Semesterzahl haben überwiegend bessere Examensnoten als Absolventen mit einer hohen Semesterzahl. Obwohl man bei der

Interpretation solcher Statistiken äußerst vorsichtig sein muss, wird doch deutlich, dass die anfangs geäußerte Vermutung keineswegs in jedem Fall zutreffen muss.

Dabei ist die Examensnote selbst nur eines von vielen Kriterien, anhand derer ein Bewerber beurteilt wird. Bewerber mit erstklassigen Examensnoten werden in der Regel nur von bestimmten Arbeitgebern, beispielsweise von etablierten Unternehmensberatern, gegenüber anderen Bewerbern bevorzugt. Sie sollten sich deshalb gut überlegen, ob Sie in der Hoffnung auf ein besseres Examen ein zusätzliches Semester zur Prüfungsvorbereitung in Kauf nehmen wollen.

Berufschancen

Unter dem Gesichtspunkt der künftigen Berufschancen ist ein zügiges Studium in jedem Fall zu bevorzugen. Mit einem schnellen Studium dokumentiert ein Bewerber aus der Sicht potenzieller Arbeitgeber zahlreiche wünschenswerte Eigenschaften wie etwa Zielstrebigkeit, Ehrgeiz, effiziente Arbeitsweise usw. Auf viele der ebenfalls gern gesehenen Zusatzqualifikationen, beispielsweise EDV-Kenntnisse, verzichten die meisten Arbeitgeber zugunsten dieser Eigenschaften. Denn ein guter Mitarbeiter sollte ohne weiteres in der Lage sein, sich fehlende Kenntnisse und Erfahrungen nachträglich anzueignen.

Tipp: In Stellenangeboten für Akademiker ist immer wieder von Fremdsprachenkenntnissen, speziellen EDV-Kenntnissen und ähnlichen Dingen die Rede. Wer rechtzeitig weiß, mit welchen Anforderungen er zu rechnen hat, kann sich bereits während des Studiums die geforderten Zusatzqualifikationen aneignen, indem er beispielsweise in den Semesterferien Sprach- und EDV-Kurse besucht (vgl. dazu Kapitel 2.4, Teilnahme an Ferienkursen). Allerdings ist zu berücksichtigen, dass viele Stellenangebote unrealistisch hohe Qualifikationsanforderungen nennen, die letztendlich keiner der Bewerber vollständig erfüllt.

Einkommen

Unumstritten sind wohl die finanziellen Vorteile der Berufstätigkeit. Finanzielle Sorgen, die manchen Studenten plagen, sind zumindest in den ersten Jahren der Berufstätigkeit, solange die erzwungene Sparsamkeit des Studentenlebens noch nicht gänzlich in Vergessenheit geraten ist, kein Thema mehr. Wer keine übertrieben hohen Ansprüche stellt, kann sich praktisch alles leisten, wovon er als Student nur geträumt hat.

Insbesondere dann, wenn Sie auf BAföG-Leistungen angewiesen sind, lohnt sich der frühzeitige Abschluss des Studiums allemal, weil Sie andernfalls nach Ablauf der Förderungshöchstdauer zur Finanzierung Ihres Lebensunterhalts Nebenbeschäftigungen aufnehmen müssen, in denen die eigene Qualifikation normalerweise nicht angemessen honoriert wird. Außerdem wird ein schneller Studienabschluss unter bestimmten Umständen durch Nachlässe bei der Rückzahlung der BAföG-Darlehen honoriert. (vgl. Kapitel 1.4, BAföG-Leistungen)

Fazit

Die Argumente zugunsten eines zeitlich gestreckten Studiums sind wenig überzeugend. Insbesondere kann ein langsames Studium durchaus nicht als weniger anstrengend bezeichnet werden als ein schnelles Studium.

Eine interessante Tätigkeit, ein hohes Gehalt, gleitende Arbeitszeit und die Respektierung durch den Vorgesetzten und die Kollegen erleichtern den Einstieg in das von vielen Studenten zunächst eher kritisch beurteilte Berufsleben beträchtlich. Und wer sein Studium zügig absolviert, hat in der Tat gute Chancen, eine seiner Qualifikation entsprechende Anstellung zu finden.

Damit dürfte klar sein, dass ein schnelles Studium in Ihrem eigenen Interesse liegt. Es ist deshalb das Ziel dieses Ratgebers, Ihnen durch eine Vielzahl von praktischen Tipps und Vorschlägen zur Verkürzung des Studiums und zu besseren Examensnoten zu verhelfen, und zwar ohne eine Erhöhung des Arbeitsaufwands.

✔ **Welche Vorteile hat ein zügiges Studium?**

☐ Je schneller Sie Ihr Studium durchziehen, desto eher bekommen Sie die Chance, Ihr Leben gänzlich in die eigene Hand zu nehmen.

☐ Ein zügig absolviertes Studium verursacht unter Umständen weniger Stress und erfordert nicht zwangsläufig eine höhere Arbeitsintensität.

☐ Absolventen mit einer kurzen Studiendauer haben in der Regel bessere Examensnoten als Langzeitstudenten.

☐ Nach einem zügig absolvierten Studium haben Sie erheblich bessere Chancen, eine Ihrer Qualifikation entsprechende Anstellung zu finden.

☐ Finanzielle Sorgen lösen sich mit dem Einstieg ins Berufsleben zunächst einmal in Luft auf.

1.3 Was, wie und wo studieren?

Bevor Sie mit dem Studium beginnen, müssen Sie sich natürlich erst einmal für ein bestimmtes Studienfach, den angestrebten Abschluss und den Studienort entschieden haben. Wahrscheinlich haben Sie zumindest die Entscheidung für Ihr Studienfach längst getroffen. Dennoch kann es nicht schaden, sich auch im Nachhinein die Konsequenzen dieser Entscheidung immer wieder zu vergegenwärtigen. Schließlich stellen Sie mit der Wahl des Studienfachs die Weichen für Ihr gesamtes künftiges Berufsleben.

Wahl des Studienfachs

Alle Tipps zur richtigen Wahl des Studienfachs lassen sich in einer einzigen Formel zusammenfassen:

Folgen Sie Ihren persönlichen Neigungen!

Die Berufschancen, die sich mit verschiedenen Studienfächern eröffnen, sollten zwar nicht gänzlich unberücksichtigt bleiben, aber keinesfalls das dominierende Entscheidungskriterium sein. In der Vergangenheit hat sich oft genug gezeigt, dass der Bedarf an Fachkräften mit bestimmten Qualifikationen großen zeitlichen Schwankungen unterliegt. Entscheiden Sie sich also heute für einen Studiengang, um dessen Absolventen sich die Arbeitgeber geradezu reißen, müssen Sie unter Umständen damit rechnen, dass sich diese Situation nur wenige Jahre später, also gerade dann, wenn Sie Ihr Studium beenden und eine erste Anstellung suchen, radikal geändert hat. Plötzlich stehen die vor kurzem noch so begehrten Fachkräfte auf der Straße.

Lassen Sie sich bei der Entscheidung für Ihr Studienfach nach Möglichkeit auch nicht von irgendwelchen Trends beeinflussen. Studienfächer, die gerade „in" sind, sind naturgemäß oft hoffnungslos überlaufen und bieten keine Gewähr, dass Sie nach ein paar Semestern noch Spaß an der Sache haben werden. Nach Abschluss eines solchen Modestudiengangs werden Sie zudem mit zahlreichen anderen Absolventen um die dann knappen Arbeitsplätze konkurrieren müssen.

Es empfiehlt sich also nicht, zugunsten kurzfristig guter Berufschancen oder einem allgemeinen Trend folgend, ein Studienfach zu wählen, das in der Rangfolge Ihrer Neigungen nur an dritter oder vierter Stelle steht. Denken Sie daran, dass Sie sich nicht nur während des Studiums, sondern voraussichtlich ein ganzes Berufsleben lang mit dem einmal gewählten Fachgebiet beschäftigen werden. Das gilt auch dann noch, wenn Sie nach einigen Jahren Berufspraxis zunehmend Führungs- und Verwaltungsaufgaben wahrnehmen. Dazu kommt, dass nur derjenige erfolgreich sein kann, der wirklich Freude an seinem Beruf hat. Oder können Sie sich einen erfolgreichen Manager, eine brillante Rechtsanwältin oder eine begnadete Ärztin vorstellen, der bzw. die sich jeden Morgen eher missmutig zur Arbeit schleppt?

Die Bedeutung der Entscheidung für das richtige Studienfach kann deshalb kaum unterschätzt werden. Analysieren Sie Ihre Interessen und Begabungen äußerst gründlich und lassen Sie sich nicht von kurzfristigen Launen beeinflussen. Sprechen Sie mit möglichst vielen Bekannten, Verwandten und Freunden über die Wahl Ihres Studienfachs und nehmen Sie die kostenlose Beratung des Arbeitsamts in Anspruch. Besonders nützlich sind Gespräche mit Akademikern, die den von Ihnen geplanten Studiengang bereits absolviert und einige Jahre Berufserfahrung gesammelt haben. Durch solche Gespräche können Sie am ehesten eine realistische Vorstellung von Ihrem künftigen Beruf erhalten.

Falls Sie trotzdem nach einem oder zwei Semestern feststellen, dass das gewählte Studienfach nicht Ihren Erwartungen entspricht, sollten Sie durchaus einen Wechsel in Erwägung ziehen. Je früher Sie den Wechsel vollziehen, desto besser. Ein Zeitverlust von maximal einem Jahr ist immer noch leichter zu verkraften, als wenn Sie erst nach zehn oder mehr Semestern lustlosen Herumstudierens das Studium abbrechen und dann möglicherweise Ihre Studienabsichten ganz aufgeben müssen.

Das heißt natürlich nicht, dass Sie sich leichtfertig zu einem solchen Schritt entschließen sollen. Am günstigsten ist es, wenn das neue Studienfach an der gleichen Universität angeboten wird und Sie die Möglichkeit haben, die entsprechenden Vorlesungen als Gast zu besuchen. Auf diese Weise können Sie sich vor der endgültigen Entscheidung ausgiebig informieren und der Gefahr einer zweiten Fehlentscheidung vorbeugen.

Wahl des Studienabschlusses

Seit den Neunzigerjahren werden an den deutschen Universitäten und Fachhochschulen als Alternative zu den traditionellen Diplom- und Magisterstudiengängen auch Bachelor- und Masterstudiengänge angeboten. Diese sind international anerkannt und deshalb vor allem dann interessant, wenn Sie vorhaben, zumindest einen Teil Ihres Berufslebens im Ausland zu verbringen. Ein Bachelorstudiengang dauert in der Regel nur sechs Semester und vermittelt in starkem Maße anwendungsbezogene Kenntnisse und Fähigkeiten. Der Masterstudiengang baut auf dem zugehörigen Bachelorstudiengang auf. In üblicherweise zwei bis vier zusätzlichen Semestern werden die erworbenen Kenntnisse gezielt in Richtung auf eine Tätigkeit entweder in der Wirtschaft oder in der Forschung vertieft.

Tipp: Sofern die Finanzierung Ihres Studiums schwierig ist, etwa weil Sie weder von Ihren Eltern unterstützt werden noch Anspruch auf BAföG-Leistungen haben, sollten Sie sich vorläufig mit einem Abschluss als Bachelor begnügen. Legen Sie in einer anschließenden zwei- bis dreijährigen Phase der Berufstätigkeit genügend Geld zurück, können Sie später den Master nachholen und währenddessen von Ihren Ersparnissen leben. Unter Umständen bleibt Ihnen Ihr Arbeitsplatz während des Aufbaustudiums sogar erhalten.

Eine weitere Alternative ist die Absolvierung eines klassischen Fachhochschulstudiums. Sofern Sie das Studium eher als Berufsausbildung sehen und weniger Interesse am Erwerb wissenschaftlicher Erkenntnisse haben, sollten Sie auch das Studium an einer Fachhochschule in Betracht ziehen. Ein Fachhochschulstudium ist in weitaus stärkerem Maße verschult als ein Hochschulstudium. Es gibt meist einen festen Stundenplan mit wenig Wahlmöglichkeiten.

Dafür ist das Fachhochschulstudium normalerweise um einige Semester kürzer und stärker an den tatsächlichen Anforderungen der Berufspraxis orientiert. Wer vor allem einen schnellen Einstieg ins Berufsleben und eine praxisorientierte Ausbildung anstrebt, ist an einer Fachhochschule gut aufgehoben. Es darf allerdings nicht verschwiegen werden, dass die beruflichen Aufstiegschancen meist weniger gut sind als für Universitätsabsolventen.

Detaillierte Informationen zu den Unterschieden zwischen den verschiedenen Studienabschlüssen in Bezug auf das von Ihnen gewählte Studienfach erhalten Sie unter anderem in der Studienberatung des Arbeitsamts oder im Internet.

Wahl des Studienorts

Mit der Wahl des Studienfachs und des Studienabschlusses hängt schließlich auch die Wahl der Universität bzw. des Studienorts zusammen, sofern sich hier überhaupt eine Wahlmöglichkeit bietet. In der Regel dominieren rein praktische Erwägungen, wie etwa die räumliche Nähe zu den Eltern, die Höhe der Wohnungsmieten und die Attraktivität der Stadt. Mit einer Beurteilung der Reputation verschiedener Universitäten und der fachlichen Qualität der Professoren dürften Sie sich als Studienanfänger hingegen eher schwer tun. Allerdings werden gelegentlich Listen veröffentlicht, aus denen jeweils für ein bestimmtes Studienfach die Rangfolge der einzelnen Universitäten hervorgeht. Solche Rankinglisten basieren teilweise auf objektiven Kriterien, wie etwa der Zahl der Veröffentlichungen der jeweiligen Professoren. Aber auch subjektive Kriterien gehen mitunter in die Beurteilungen ein, beispielsweise in Form einer Befragung von Personalchefs großer Unternehmen nach ihren Erfahrungen mit Absolventen verschiedener Universitäten.

Selbstverständlich will auch die Entscheidung für eine bestimmte Universität gut überlegt sein. Sie hat aber nicht die gleiche Bedeutung wie die Wahl des Studienfachs, da ein späterer Wechsel, etwa nach dem Grundstudium, mit erheblich weniger Reibungsverlusten verbunden ist als ein Wechsel des Studienfachs.

@ Links

Das Internet bietet zahlreiche Möglichkeiten, sich vorab über das Studium zu informieren. Die folgenden Links können als Ausgangspunkte für Ihre Informationssuche dienen. Eine allgemeine Studienberatung erhalten Sie beispielsweise bei

☐ *http://www.arbeitsamt.de*
☐ *http://www.studienwahl.de*
☐ *http://www.einstieg.com*

Eine der bekanntesten Rankinglisten für Hochschulen wird regelmäßig vom CHE (Centrum für Hochschulentwicklung) und der Zeitschrift „stern" veröffentlicht:

☐ *http://www.che.de*
☐ *http://www.stern.de/campus-karriere*

Fast alle deutschen Hochschulen betreiben eine eigene Webseite, auf der Sie eine Fülle weiterer Informationen erhalten können. Links zu diesen Webseiten finden Sie etwa auf der Seite des ZVS (Zentralstelle für die Vergabe von Studienplätzen):

☐ *http://www.zvs.de*

> **✔ Worauf ist bei der Wahl des Studienfachs zu achten?**
>
> ☐ Folgen Sie Ihren persönlichen Neigungen!
>
> ☐ Berücksichtigen Sie die künftigen Berufschancen allenfalls als zweitrangiges Kriterium.
>
> ☐ Entscheiden Sie sich nicht allein deshalb für einen Studiengang, weil er gerade in Mode ist.
>
> ☐ Nur wer Freude an seinem selbst gewählten Beruf hat, kann darin auch erfolgreich sein.
>
> ☐ Ziehen Sie auch alternative Studienabschlüsse, wie Bachelor, Master oder einen klassischen Fachhochschulabschluss, in Betracht.

1.4 Finanzierung des Studiums

Die Finanzierung des Lebensunterhalts ist ein Problem, das fast alle Studenten früher oder später beschäftigt. Es dürfte klar sein, dass die Frage der Finanzierung vor der Aufnahme des Studiums geklärt sein muss.

In der Regel können Sie davon ausgehen, dass monatlich 600 Euro die Untergrenze dessen sind, was Sie als Ausgaben für Ihren Lebensunterhalt veranschlagen müssen, sofern Sie nicht bei Ihren Eltern wohnen. Um sich einen ersten Überblick über Ihre voraussichtlichen monatlichen Ausgaben zu verschaffen, sollten Sie eine Art Haushaltsbudget aufstellen, das etwa so wie in Abb. 2 aussehen könnte.

Natürlich werden Ihre persönlichen Schätzungen von den in Abb. 2 beispielhaft angenommenen Zahlen teilweise stark abweichen. Es können auch einige Positionen hinzukommen oder andere wegfallen. Insbesondere die Höhe der Wohnungsmiete kann abhängig vom Studienort und von Ihren Wohnverhältnissen (bei den Eltern, Wohngemeinschaft, möbliertes Zimmer oder eigene Wohnung) sehr unterschiedlich ausfallen. Unregelmäßige Ausgaben wie Reisen, Haushaltsgeräte, PC-Zubehör usw. sind in Abb. 2 noch nicht berücksichtigt.

Ausgabenart	Euro
Miete und Nebenkosten	200
Strom, Gas, Wasser, Telefon, Rundfunkgebühren	100
Lebensmittel	150
Körperpflege, Friseur etc.	20
Bücher und Schreibwaren, Fotokopien	20
Auto oder öffentliche Verkehrsmittel	20
Sport, Hobbys und Freizeitaktivitäten	50
Kleidung und Schuhe	30
Studiengebühren oder Sozialbeiträge	10
Summe pro Monat	**600**

Abb. 2: Haushaltsbudget (Beispiel)

Tipp: Sofern Ihre Eltern gesetzlich krankenversichert sind, bleiben Sie bis zum Alter von 25 Jahren automatisch mitversichert. Andernfalls müssen Sie eine eigene Krankenversicherung abschließen. Obwohl die Krankenversicherungsbeiträge für Studenten vergleichsweise gering sind, dürften sie doch einen beträchtlichen Brocken in Ihrem Haushaltsbudget darstellen. Ein Verzicht auf eine Krankenversicherung ist nicht möglich, da Sie bei der Immatrikulation und bei der Rückmeldung jeweils einen Versicherungsnachweis vorlegen müssen. Detaillierte Informationen zum Thema Krankenversicherung für Studenten erhalten Sie unter *http://www.unilife.de.*

Ein solches Budget gibt Ihnen eine erste Übersicht über Ihren Finanzierungsbedarf. Sie sehen sofort, ob Ihre verfügbaren Mittel ausreichen oder ob Sie gezwungen sind, regelmäßig neben dem Studium Geld zu verdienen. Um herauszufinden, ob Ihr Budget realistisch ist, empfiehlt es sich, zumindest während der ersten Monate ein Haushaltsbuch zu führen, in dem Sie Ihre Ausgaben nach Kategorien sortiert notieren. Am Ende jedes Monats addieren sie die Beträge in den einzelnen Kategorien und vergleichen die Summen mit den Zahlen aus Ihrem Budget. Sind die tatsächlichen Ausgaben über mehrere Monate hinweg höher als veranschlagt, müssen Sie entweder sparen oder das Budget anpassen und nach zusätzlichen Einnahmequellen suchen.

Da Ihnen als Student normalerweise weder ein volles Erwerbseinkommen noch Rentenbezüge oder gar Kapitaleinkünfte zur Verfügung stehen, werden Sie sehr wahrscheinlich auf mindestens eine der folgenden Einnahmequellen zurückgreifen müssen:

- Unterstützung durch die Eltern
- BAföG-Leistungen
- Stipendien
- Ferienjobs und Nebenbeschäftigungen

Unterstützung durch die Eltern

Wer gut verdienende Eltern hat, auf deren Unterstützung er während seiner gesamten Studienzeit zählen kann, ist natürlich fein raus. Gemäß einer Statistik der Hochschul-Informations-System GmbH (HIS Ergebnisspiegel 2002) stammen etwa die Hälfte der Einnahmen deutscher Studenten von deren Eltern. Somit ist die Unterstützung durch die Eltern die mit Abstand wichtigste Einnahmequelle.

Tipp: Natürlich ist klar, dass die Eltern in vielen Fällen nicht den vollen Lebensunterhalt ihrer Tochter bzw. ihres Sohnes über mehrere Jahre hinweg finanzieren können oder wollen. Für den Fall, dass es zu Diskussionen über die Höhe der monatlichen Unterstützungszahlungen kommen sollte, legen Sie Ihren Eltern am besten Ihr Haushaltsbudget bzw. Ihr Haushaltsbuch vor. Machen Sie ihnen klar, dass sich die Dauer Ihres Studiums verlängern wird, wenn Sie gezwungen sind, zur Deckung von Finanzierungslücken nebenbei zu jobben.

BAföG-Leistungen

Eine Förderung nach dem Bundes-Ausbildungsförderungs-Gesetz (BAföG) kommt nur in Betracht, wenn bestimmte Förderungsvoraussetzungen erfüllt sind. Dabei ist vor allem die finanzielle Situation Ihrer Eltern maßgebend, denn wenn Ihre Eltern bestimmte Einkommensgrenzen überschreiten, gehen Sie leer aus. Zudem werden die BAföG-Leistungen allenfalls einen Teil Ihres Finanzbedarfs decken. Selbst wenn Sie Anspruch auf den Förderungshöchstbetrag haben, werden Sie sich ohne zusätzliche Einnahmen nur mit äußerster Sparsamkeit über Wasser halten können.

BAföG-Leistungen erhalten Sie nur innerhalb eines begrenzten Zeitraums, der meist von der recht knapp bemessenen Regelstudienzeit Ihres Studiengangs abhängig ist. Die Förderung erfolgt in der Regel zu gleichen Teilen als Zuschuss und als unverzinsliches Staatsdarlehen. Das Darlehen ist nach Abschluss des Studiums zurückzuzahlen. Allerdings sind die Rückzahlungsbedingungen sehr großzügig, sodass Sie keine Sorgen haben müssen, nach dem Studium vor einem erdrückenden Schuldenberg zu stehen.

Da der Inhalt des Gesetzes ständigen Änderungen unterliegt, kann hier auf weitere Details nicht eingegangen werden. Stattdessen sei auf die unten angegebenen Links und auf die Informationsbroschüre des Bundesministeriums für Bildung und Forschung verwiesen. Eine persönliche Beratung erhalten Sie beim zuständigen Amt für Ausbildungsförderung oder beim Studentenwerk.

Stipendien

Eine oft vernachlässigte Möglichkeit zur Finanzierung des Studiums ist die Inanspruchnahme einer Förderung im Rahmen eines Stipendiums. Zu den bekanntesten Organisationen, die Stipendien vergeben, gehören neben der Studienstiftung des deutschen Volkes die Begabtenförderungswerke der Kirchen, der politischen Parteien und anderer politischer Organisationen, sowie einige Unternehmen. Stipendien von Privatleuten sind hierzulande, anders als beispielsweise in den USA, leider sehr selten.

Auch wenn Sie Ihre Chancen, in den Genuss eines Stipendiums zu kommen, für gering halten, sollten Sie den Aufwand, den eine Bewerbung und das sich möglicherweise anschließende Auswahlverfahren verursachen, nicht scheuen. Denn ein Stipendium trägt nicht nur zur Finanzierung Ihres Studiums bei, sondern verbessert auch Ihre künftigen Berufschancen. Da die meisten Stiftungen recht aufwändige Auswahlverfahren durchführen, in denen besonderer Wert auf überdurchschnittliche Begabung sowie gesellschaftliches und politisches Engagement gelegt wird, werden Stipendiaten auch von potenziellen Arbeitgebern bevorzugt.

Eine Selbstbewerbung um ein Stipendium ist allerdings nicht bei allen Stiftungen möglich. In der Regel wird man von einem Lehrer, einem Professor oder einem ehemaligen Stipendiaten vorgeschlagen. Die Aufnahmevoraussetzungen sind häufig eng mit den Zielen der die jeweiligen Stiftungen tragenden Organisationen verknüpft. Detaillierte Informationen über die wichtigsten Stiftungen erhalten Sie auf deren Webseiten im Internet.

@ Links

Alles Wissenswerte über BAföG-Leistungen erfahren Sie auf der Webseite des Bundesministeriums für Bildung und Forschung (BMBF):

☐ *http://www.bafoeg.bmbf.de*

Dort können Sie auch eine Kopie der BAföG-Informationsbroschüre herunterladen oder in gedruckter Form bestellen. Wer noch nicht über einen Internetanschluss verfügt, kann die Broschüre auch per Telefon unter 0 18 05 / 26 23 02 bestellen.

Im Downloadbereich der Webseite des BMBF gibt es weitere Informationsquellen, beispielsweise die Broschüre „Die Begabtenförderungswerke in der Bundesrepublik Deutschland. Arbeit und Ziele.":

☐ *http://www.bmbf.de/download*

Die Studienstiftung des deutschen Volkes e.V. ist die mit Abstand bedeutendste Stiftung in Deutschland:

☐ *http://www.studienstiftung.de*

Es gibt aber noch zahlreiche weitere Stiftungen, von denen hier nur diejenigen der Kirchen, der Gewerkschaften, der Arbeitgeber und der politischen Parteien aufgeführt sind:

☐ *http://www.cusanuswerk.de*	(Cusanuswerk e.V.)
☐ *http://www.evstudienwerk.de*	(Evangelisches Studienwerk e.V.)
☐ *http://www.boeckler.de*	(Hans-Böckler-Stiftung e.V.)
☐ *http://www.sdw.org*	(Stiftung der Deutschen Wirtschaft e.V.)
☐ *http://www.kas.de*	(Konrad-Adenauer-Stiftung e.V.)
☐ *http://www.boell.de*	(Heinrich-Böll-Stiftung e.V.)
☐ *http://www.fes.de*	(Friedrich-Ebert-Stiftung e.V.)
☐ *http://www.rosaluxemburgstiftung.de*	(Rosa Luxemburg Stiftung e.V.)
☐ *http://www.fnst.de*	(Friedrich-Naumann-Stiftung e.V.)
☐ *http://www.hss.de*	(Hanns-Seidel-Stiftung e.V.)

Ferienjobs und Nebenbeschäftigungen

Sofern Ihnen die bislang genannten Geldquellen nicht zur Verfügung stehen oder die daraus zufließenden Mittel nicht ausreichen, sind Sie auf die Ausübung von Ferienjobs oder ständigen Nebenbeschäftigungen angewiesen. In diese Situation können Sie natürlich auch geraten, wenn BAföG-Leistungen und Stipendien nach Ablauf der Förderungshöchstdauer auslaufen. Selbst die Bereitschaft Ihrer Eltern, Ihnen finanziell unter die Arme zu greifen, wird wohl nicht unbegrenzt vorhanden sein. Es ist deshalb schon aus finanziellen Erwägungen heraus sinnvoll, das Studium rechtzeitig vor Ablauf der Unterstützungszahlungen abzuschließen.

Da die für Ferienjobs und Nebenbeschäftigungen aufgewendete Zeit nicht mehr zum Lernen zur Verfügung steht, wird sich der Studienabschluss tendenziell hinauszögern. Sie sollten deshalb versuchen, Ferienjobs und Nebenbeschäftigungen auf das notwendige Maß zu beschränken und dafür die eigenen Konsumbedürfnisse zu reduzieren. Überlegen Sie sich beispielsweise genau, ob Sie während Ihrer Studienzeit wirklich ein Auto brauchen und einem vergleichsweise teuren Hobby nachgehen müssen. Gelingt es Ihnen, auf diese Weise Ihr Studium auch nur um ein Semester zu verkürzen, können Sie die finanziellen Nachteile, die Sie während des Studiums hinnehmen mussten, anschließend mit Leichtigkeit wettmachen. Denn ein junger Akademiker verdient in der Regel wesentlich mehr als ein Werkstudent, Taxifahrer oder Aushilfskellner, und das in der Regel auch noch mit einer beträchtlich angenehmeren Arbeit.

Gegen Ferienjobs und Nebenbeschäftigungen, die eng mit dem eigenen Studienfach und der späteren Berufspraxis in Verbindung stehen, ist hingegen weniger einzuwenden. Die dabei gesammelten Erfahrungen erweisen sich häufig sowohl im Studium als auch bei der späteren Stellensuche als vorteilhaft. Beispielsweise könnte eine Jurastudentin von einer Aushilfstätigkeit in einer Anwaltskanzlei profitieren, selbst wenn sie nur einfache Bürotätigkeiten ausübt und die Arbeit nicht besonders gut bezahlt wird.

Entsprechendes gilt auch für die mehrmonatigen Berufs- oder Industriepraktika, die in manchen Studiengängen laut Prüfungs- bzw. Studienordnung vorgeschrieben sind. Sofern Sie diese Praktika nicht schon vor Studienbeginn ableisten können, müssen Sie sich einen Teil der Semesterferien dafür freihalten. Allerdings kann es Ihnen passieren, dass Sie zur gewünschten Zeit keine Praktikantenstelle finden. Um das zu vermeiden, sollten Sie sich möglichst schon lange vor dem geplanten Beginn des Praktikums um eine Stelle bewerben.

! **Tipp:** Nicht wenige Unternehmen stellen regelmäßig in den Semesterferien Studenten ein. Denn Studenten sind in der Regel hoch motivierte Arbeitskräfte, die mit den Leistungen mancher fest Angestellten trotz fehlender Berufserfahrung mithalten können. Im Falle von Neuanstellungen greifen diese Unternehmen dann besonders gerne auf Bewerber zurück, die sie bereits als Werkstudenten oder Praktikanten kennen und die mit den Aufgaben und Abläufen im Unternehmen vertraut sind. Durch wiederholte Ferienjobs gefestigte Kontakte zu einem Unternehmen aus Ihrer Branche sind deshalb für beide Seiten von Vorteil.

Neben fachspezifischen Jobs können auch alle Arten von Tätigkeiten als wissenschaftliche Hilfskraft an einem Institut Ihres Fachbereichs als unbedenklich bezeichnet werden. In der Regel sind die im Unijargon als „Hiwi-Stellen" bezeichneten Beschäftigungen auf wenige Stunden pro Woche beschränkt. Die Beeinträchtigung Ihres Studiums hält sich somit in Grenzen.

Ganz besonders empfehlenswert sind Tutorenstellen. Ein Tutor ist ein Student im Hauptstudium, der für Kommilitonen im Grundstudium eine eigene Übung, meist Tutorium genannt, abhält. In kleinen Gruppen werden gemeinsam Übungsaufgaben gelöst und Teile der zugehörigen Vorlesung vertieft. Als Tutor lernen Sie, bis zu 90 Minuten lang vor einer Gruppe von 10 bis 50 Kommilitonen frei zu sprechen und Sachverhalte an der Tafel vorzuführen. Die dabei gesammelten Erfahrungen können gar nicht hoch genug eingeschätzt werden. Das anfängliche Lampenfieber vergeht im Allgemeinen sehr schnell.

Mit der Zeit gewinnen Sie zunehmend an Selbstbewusstsein. Wenn Sie später einmal im Rahmen eines Seminars vor einem sachverständigen Auditorium ein Referat oder einen Vortrag halten müssen, werden Sie kaum noch unter Hemmungen und Unsicherheit leiden. Selbst die Zeit, die Sie mit der Vorbereitung Ihres Tutoriums verbringen, kommt Ihrem Studium zugute, da Sie sich noch einmal intensiv mit dem Lernstoff des Grundstudiums beschäftigen müssen. Sofern Ihnen eine solche Stelle angeboten wird, sollten Sie unbedingt zugreifen.

Tipp: Manche Professoren sind nebenberuflich als Gutachter oder als Berater tätig und betreiben zu diesem Zweck ein Privatbüro oder arbeiten zumindest eng mit einigen Unternehmen zusammen. Auch hier bieten sich mitunter interessante Möglichkeiten. Wenn Sie eine sinnvolle Nebenbeschäftigung suchen, sollten Sie sich also nicht scheuen, sich mit diesem Anliegen an einen Professor Ihres Fachbereichs zu wenden.

✔ **Wie sichert man die Finanzierung des Studiums?**

☐ Machen Sie sich schon vor Beginn des Studiums Gedanken über die Finanzierung Ihres Lebensunterhalts.

☐ Stellen Sie ein Haushaltsbudget auf, aus dem Ihre voraussichtlichen monatlichen Ausgaben hervorgehen.

☐ Führen Sie zumindest in den ersten Monaten des Studiums ein Haushaltsbuch.

☐ Sofern Sie keine finanzielle Unterstützung von Ihren Eltern erhalten, informieren Sie sich über Ihren Anspruch auf BAföG-Leistungen.

☐ Bewerben Sie sich um ein Stipendium.

☐ Reduzieren Sie die Ausübung von Ferienjobs und Nebenbeschäftigungen auf das zur Finanzierung Ihres Lebensunterhalts notwendige Minimum.

☐ Bevorzugen Sie Ferienjobs und Nebenbeschäftigungen, bei denen Sie Ihre im Studium erworbenen Kenntnisse anwenden können.

☐ Kümmern Sie sich rechtzeitig um eine Praktikantenstelle, sofern die Prüfungs- bzw. Studienordnung die Absolvierung eines Praktikums vorschreibt.

☐ Nehmen Sie eine „Hiwi-Stelle" an einem Institut Ihres Fachbereichs an.

1.5 Aller Anfang ist schwer

Der Beginn des Studiums ist für fast alle Studienanfänger zugleich der Beginn eines vollkommen neuen, unbekannten Lebensabschnitts. Es stellen sich zahlreiche Fragen, um die man sich während der Schulzeit überhaupt keine Gedanken machen musste. Wie finde ich in der fremden Stadt eine Unterkunft? Wo, wann und für was muss ich mich anmelden? Welche Vorlesungen muss ich hören, an welchen sonstigen Veranstaltungen muss ich teilnehmen und wo und wann finden diese statt?

Einige dieser Fragen werden im Folgenden beantwortet. Sofern Sie sich bereits mitten im Studium befinden, können Sie diesen Abschnitt selbstverständlich überspringen. Im Einzelnen werden folgende Themen kurz angeschnitten:

- Zimmer- bzw. Wohnungssuche
- Die erste Woche
- Wichtige Informationsquellen

Zimmer- bzw. Wohnungssuche

Sofern Sie nicht zufällig am Wohnort Ihrer Eltern studieren können, müssen Sie sich rechtzeitig vor Beginn des Studiums um eine geeignete Unterkunft am Studienort bemühen. Warten Sie damit aber auf keinen Fall bis wenige Wochen oder gar Tage vor Semesterbeginn. Denn das ist genau die Zeit, in der Hunderte oder gar Tausende anderer Studienanfänger ebenfalls eine Unterkunft suchen. Preiswerte Zimmer und Apartments sind in fast allen Universitätsstädten bedingt durch die hohe Nachfrage äußerst rar, und zwar ganz besonders zu Beginn des Wintersemesters.

Die Chancen, in einem Studentenwohnheim unterzukommen, sind je nach Studienort mäßig bis schlecht. Oftmals bestehen lange Wartezeiten, da die wenigen Zimmer über mehrere Semester im Voraus ausgebucht sind. In solchen Fällen steht Ihnen nur noch der private Wohnungsmarkt offen. Angebote leer stehender Zimmer und Wohnungen erhalten Sie in den Samstagsausgaben der örtlichen Tageszeitungen, in Stadtmagazinen, an den zahlreichen schwarzen Brettern der Uni und über Immobilienmakler. Beim Makler müssen Sie allerdings mit einer Provision von mindestens zwei Monatsmieten rechnen, womit klar ist, dass der Gang zum Makler immer der letzte Schritt sein dürfte. Allerdings lauern auch hinter vielen Zeitungsinseraten Immobilienmakler, die im Falle einer erfolgreichen Vermittlung abkassieren.

> **Tipp:** Kleinanzeigen in regionalen Tageszeitungen sind gar nicht so teuer. Statt sich mühsam durch die vielen Wohnungsangebote zu kämpfen, geben Sie doch einfach selbst eine Anzeige in der Rubrik „Wohnungsgesuche" auf.

Eine weitere Möglichkeit, zu einer Unterkunft zu kommen, ist die Inanspruchnahme einer Zimmervermittlungsstelle. Nicht nur das Studentenwerk und andere offizielle Stellen bieten diesen unentgeltlichen Service für Studenten an, sondern auch der Allgemeine Studentenausschuss (AStA) und teilweise sogar die Jugend- und Studentenorganisationen der politischen Parteien.

Übertrieben hohe Ansprüche dürfen Sie an Ihre Unterkunft natürlich nicht stellen. Für den Anfang genügt ein möbliertes Zimmer zur Untermiete oder ein Zimmer in einer Wohngemeinschaft (WG) vollauf. In eine eigene Wohnung können Sie später immer noch umziehen. Wichtig ist in jedem Fall, dass Sie sich einen Arbeitsplatz einrichten können, an dem Sie ungestört sind und nicht von der Arbeit abgelenkt werden (vgl. dazu Kapitel 5.4, Gestaltung der Arbeitsumgebung). Außerdem sollten Sie Wert auf die räumliche Nähe oder zumindest eine gute Verkehrsverbindung zur Universität legen. Denn wenn Sie morgens und nachmittags jeweils längere Zeit mit öffentlichen Verkehrsmitteln oder mit dem Auto unterwegs sind, können Sie sich leicht ausrechnen, wie viel Zeit im Verlauf Ihres gesamten Studiums dadurch verloren geht.

@ Links

Wohnungsangebote und Zimmervermittlungen gibt es natürlich auch im Internet. Auf der Webseite Ihrer Universität dürften Sie sehr schnell fündig werden. Von dort gelangen Sie auch zum AStA und zu den Jugend- und Studentenorganisationen der politischen Parteien. Überregionale, kostenlose Zimmervermittlungen sind beispielsweise:
☐ *http://www.studenten-wohnung.de*
☐ *http://www.zimmer-boerse.de*

Letztere vermittelt allerdings nur Wohnungen und Zimmer in baden-württembergischen Universitätsstädten. Sollten Sie an einem Zimmer in einer Wohngemeinschaft interessiert sein, versuchen Sie es bei
☐ *http://www.wgsuchen.de*
☐ *http://www.wg-gesucht.de*
☐ *http://www.wg-welt.de*

Abschließend noch die überregionale Webseite des Studentenwerks:
☐ *http://www.studentenwerk.de*

Die erste Woche

Sie haben nun also nach mehr oder weniger langer Suche eine geeignete Unterkunft gefunden und sich ein wenig eingerichtet. Mit der Anmeldung beim Einwohnermeldeamt Ihres Studienorts und der Immatrikulation an der Universität haben Sie die ersten bürokratischen Hürden genommen und stehen nun mit Ihrem Studentenausweis in der Tasche etwas verloren zwischen all den Gebäuden auf dem Campus der Universität herum.

Ihr erster Weg sollte zur Fachschaftsvertretung führen. Die Fachschaftsvertretung vertritt ganz offiziell die Interessen der Fachschaft, also der Gemeinschaft aller Studenten eines Fachbereichs. Hier finden Sie engagierte Kommilitonen, die Ihnen Ihre drängendsten Fragen beantworten können, etwa wo die Vorlesungsankündigungen aushängen, wie Sie Ihren ersten Stundenplan zusammenstellen, was „c.t." bedeutet und wann die Mensa geöffnet ist.

Tipp: „c.t." ist die Abkürzung von „cum tempore" und steht häufig hinter Angaben zum Beginn von Veranstaltungen. Es bedeutet, dass diese Veranstaltung mit fünfzehnminütiger Verspätung beginnt. 10:00 Uhr c.t. ist also in Wirklichkeit 10:15 Uhr. Diese Viertelstunde ist das berühmte „akademische Viertel". Beginnt die Veranstaltung dagegen ausnahmsweise pünktlich, steht „s.t." („sine tempore") hinter der angegebenen Uhrzeit.

Versuchen Sie nach Möglichkeit, immer rechtzeitig vor Beginn einer Veranstaltung im Hörsaal zu sein. Es ist äußerst störend, wenn in den ersten zehn Minuten immer noch Kommilitonen eintreffen, sich durch die Reihen drängen und geräuschvoll Platz nehmen und ihre Sachen auspacken. Auch manche Dozenten reagieren darauf recht ungehalten.

Häufig veranstaltet die Fachschaftsvertretung, die meist etwas ungenau einfach nur „Fachschaft" genannt wird, unmittelbar vor Vorlesungsbeginn eine Einführungswoche für Studienanfänger. Ein oder zwei Kommilitonen aus höheren Semestern geben jeweils einer kleinen Gruppe von Studienanfängern die wichtigsten Informationen zum Studienbeginn und beantworten deren Fragen. Oft werden auch Kennenlernspiele gemacht oder ein Suchspiel veranstaltet, bei dem man lernt, sich auf dem Campus zurechtzufinden. An der Einführungswoche teilzunehmen, ist außerordentlich empfehlenswert, weil dadurch Ihre Unsicherheiten beseitigt werden und Sie sofort Kontakt zu Ihren Kommilitonen bekommen. Zur ersten Vorlesung kann man dann schon gemeinsam gehen.

Tipp: Die Veranstalter der Einführungswoche sind in der Regel ehrenamtlich tätig. Sie nehmen sich eine ganze Woche Zeit, um Ihnen und den anderen Studienanfängern die ersten Schritte an der Universität zu erleichtern. Überlegen Sie sich also, ob Sie nicht zwei oder drei Semester später selbst an der Veranstaltung einer Einführungswoche mitwirken und so die Solidarität unter den Studenten stärken.

Das Ganze hat auch für Sie selbst einen nicht zu unterschätzenden Nutzen. Als Betreuer einer Gruppe von Studienanfängern bauen Sie Ihre soziale Kompetenz aus und trainieren Ihre Führungsfähigkeiten. Solche Aktivitäten werden auch von potenziellen Arbeitgebern gern gesehen, sodass Sie sich nicht scheuen sollten, diese später in Ihren ersten Bewerbungen zu erwähnen.

Um an einer Vorlesung teilzunehmen, muss man sich normalerweise nicht anmelden. Man geht einfach hin. Anders sieht es mit Übungen, Tutorien, Laborpraktika, Seminaren und sonstigen Veranstaltungen aus, deren Teilnehmerzahl begrenzt ist. Wie und wo man sich für eine bestimmte Veranstaltung anmelden muss, steht meist am schwarzen Brett des jeweiligen Instituts. Sie können aber auch die Dozenten der Anfängervorlesungen danach fragen, sofern diese nicht von selbst auf die Anmeldung zu den vorlesungsbegleitenden Veranstaltungen eingehen. In vielen Fällen genügt es, sich in eine Teilnehmerliste einzutragen, die am Ende der ersten Vorlesung im Hörsaal ausgelegt wird.

Wichtige Informationsquellen

Sofern die Fachschaftsvertretung keine Einführungswoche veranstaltet oder Sie, aus welchen Gründen auch immer, nicht daran teilnehmen können, müssen Sie sich rechtzeitig anderweitig Informationen beschaffen. Am besten besorgen Sie sich zunächst einmal in einer Buchhandlung ein Vorlesungsverzeichnis. Das ist, wie der Name schon sagt, im Wesentlichen ein Verzeichnis aller Vorlesungen, die während des beginnenden Semesters stattfinden. Darüber hinaus sind natürlich auch alle anderen Veranstaltungen, also Übungen, Laborpraktika usw. aufgeführt. Zusätzlich enthält das Vorlesungsverzeichnis ein nach Fachbereichen gegliedertes Personenregister sowie Standorte, Öffnungszeiten und Ansprechpartner aller Sekretariate, Prüfungsämter, Beratungsstellen und sonstigen Einrichtungen, die für Sie von Bedeutung sein können. Ein Lageplan des Campus befindet sich oft ebenfalls im Vorlesungsverzeichnis.

Beim Prüfungsamt Ihres Fachbereichs erhalten Sie ein Exemplar der Prüfungs- oder Studienordnung, aus der die Modalitäten der abzulegenden Prüfungen hervorgehen. Damit wissen Sie dann, welche Vorlesungen Sie hören sollten, an welchen Klausuren und mündlichen Prüfungen Sie teilnehmen müssen, welche Laborpraktika Sie zu absolvieren haben und welche Übungs- und Seminarscheine Sie gegebenenfalls bei der Anmeldung zu den Prüfungen vorlegen müssen.

Einen Besuch der Fachschaftsvertretung sollten Sie aber in jedem Fall einplanen. Zusätzlich können Sie sich auch an die zentrale Studienberatung wenden, die allerdings normalerweise keine spezifischen Informationen über Ihren Fachbereich geben kann. Aktuelle Informationen zu allen nur erdenklichen Themen finden Sie außerdem an den schwarzen Brettern des Fachbereichs, der einzelnen Institute, des Prüfungsamts und in der Mensa.

Das Vorlesungsverzeichnis, die Prüfungs- oder Studienordnung und unzählige weitere Informationen gibt es selbstverständlich auch im Internet auf der Webseite Ihrer Universität. Schließlich haben die Universitäten eine führende Rolle bei der Verbreitung des Internets gespielt. Die meisten Institute betreiben eigene Webseiten, von denen Sie mitunter sogar Unterlagen zu einzelnen Veranstaltungen, beispielsweise Vorlesungsgliederungen, Manuskripte, Aufgabenzettel und vieles mehr herunterladen können.

✔ Wie erleichtert man sich den Studienbeginn?

☐ Suchen Sie sich rechtzeitig eine geeignete Unterkunft.

☐ Lassen Sie sich von der Fachschaftsvertretung alle organisatorischen Fragen, die sich Ihnen als Studienanfänger stellen, beantworten.

☐ Nehmen Sie an einer von der Fachschaftsvertretung veranstalteten Einführungswoche teil.

☐ Besorgen Sie sich ein Vorlesungsverzeichnis und ein Exemplar der Prüfungs- oder Studienordnung.

☐ Nutzen Sie das riesige Informationsangebot des Internets bei der Wohnungssuche und zur Beantwortung organisatorischer Fragen zu Beginn des Studiums.

2 Planung des Studiums

2.1 Von der Zielvorgabe zur Detailplanung

Sofern Sie Ihr Studium zügig durchziehen möchten, kommen Sie um eine detaillierte Planung der einzelnen Semester nicht herum. Natürlich können Sie auch einfach drauflosstudieren und sich bei der Belegung von Vorlesungen und Seminaren, der Wahl der Prüfungstermine und der Gestaltung der Semesterferien mehr oder weniger nach Ihren Kommilitonen richten. Sie dürfen dann aber nicht erwarten, die üblichen Studienzeiten wesentlich unterbieten zu können.

Zunächst einmal brauchen Sie eine Zielvorgabe für die Gesamtdauer Ihres Studiums. Dabei können Sie sich beispielsweise an der so genannten Regelstudienzeit orientieren, die für jeden einzelnen Studiengang in der jeweiligen Prüfungs- bzw. Studienordnung festgelegt ist. Die tatsächliche durchschnittliche Studiendauer liegt in den meisten Studienfächern zwar deutlich über der Regelstudienzeit. Ein Studium innerhalb der offiziellen Regelstudienzeit zu absolvieren, ist aber dennoch nicht so unrealistisch, wie häufig behauptet wird. Denn normalerweise ist die Regelstudienzeit so bemessen, dass an allen prüfungsrelevanten Vorlesungen und Übungen sowie allen vorgeschriebenen Seminaren und Laborpraktika teilgenommen werden kann und darüber hinaus noch genügend Zeit zum Lernen bleibt, ohne dass die Freizeit zu kurz kommt.

Sie können die Regelstudienzeit also durchaus als Zielvorgabe für die Dauer Ihres eigenen Studiums ins Auge fassen. Nur wenn Sie zwecks Finanzierung Ihres Lebensunterhalts ganz oder teilweise auf Ferienjobs oder Nebenbeschäftigungen angewiesen sind, müssen Sie unter Umständen noch ein bis zwei Semester dazugeben. Denn die Zeiten, in denen Sie arbeiten müssen, fehlen Ihnen unweigerlich zum Lernen.

Als Faustregel können Sie annehmen, dass eine regelmäßige Nebenbeschäftigung von acht Stunden pro Woche etwa ein zusätzliches Semester kosten wird. Auch wenn Sie sich stattdessen allein mit Ferienjobs finanziell über Wasser halten, müssen Sie mit einer Verlängerung Ihrer Studiendauer rechnen. Denn die Semesterferien sind für die Wiederholung des Lernstoffs des jeweils vorangegangenen Semesters äußerst wichtig (vgl. dazu Kapitel 2.4, Lernen). Geht ein Teil dieser Zeit durch Ferienjobs verloren, werden Sie Ihr Tempo unter ansonsten gleichen Bedingungen reduzieren müssen.

Prüfungen

Die Einhaltung der Regelstudienzeit setzt voraus, dass alle Prüfungen, Seminare, Laborpraktika usw. zum jeweils frühestmöglichen Zeitpunkt absolviert werden. Außerdem muss die Abschlussarbeit, die je nach Studiengang Zulassungs-, Diplom-, Magister-, Staatsexamensarbeit oder anders heißen kann, in der vorgesehenen Bearbeitungszeit tatsächlich zu schaffen sein (vgl. dazu Kapitel 7.1). Um nicht in Verzug zu geraten, müssen Sie sich also stets unmittelbar im Anschluss an den Besuch der erforderlichen Vorlesungen und Übungen zum nächstmöglichen Prüfungstermin bzw. zum nächsten stattfindenden Seminar oder Laborpraktikum anmelden. Dies gilt sowohl im Grundstudium als auch im Hauptstudium.

Prüfungen zum jeweils frühestmöglichen Termin abzulegen ist aber auch aus einem anderen Grund sehr empfehlenswert. Mit zunehmendem zeitlichen Abstand zwischen der Aufnahme des Lernstoffs in den Vorlesungen und Übungen einerseits und der Prüfung, dem Seminar oder dem Laborpraktikum andererseits, erhöht sich nämlich der Arbeitsaufwand für die Prüfungsvorbereitung. Wer beispielsweise eine Prüfung unnötigerweise um ein Semester hinauszögert, muss damit rechnen, dass in der Zwischenzeit ein Teil des Lernstoffs der Vergesslichkeit zum Opfer fällt. Entsprechend aufwändiger wird die Prüfungsvorbereitung.

Ganz besonders frustrierend ist die Prüfungsvorbereitung jedoch für einen Nachzügler, der sich zum ersten oder zweiten möglichen Prüfungstermin nicht getraut hat oder gar durch die Prüfung gefallen ist und sich nun auf eine (Wiederholungs-) Prüfung vorbereiten muss, die die meisten Kommilitonen aus dem gleichen Semester schon längst absolviert haben. Ist es Ihnen dagegen gelungen, die Prüfung frühzeitig hinter sich zu bringen, können Sie das betreffende Prüfungsfach ad acta legen und sich ohne den ständigen Druck solcher Altlasten der nächsten Herausforderung stellen.

Wer stets zum frühestmöglichen Zeitpunkt an Prüfungen teilnehmen will, hat naturgemäß nur sehr wenig Zeit für die Prüfungsvorbereitung. Besonders im Grundstudium finden Prüfungen häufig direkt am Ende des Semesters, also nur wenige Tage nach der letzten prüfungsrelevanten Vorlesung, statt. Der Versuch, sich in den wenigen zur Verfügung stehenden Tagen den gesamten Lernstoff auf einmal anzueignen, ist selbstverständlich alles andere als Erfolg versprechend. Das enorme Arbeitspensum ist in dieser kurzen Zeit nicht zu schaffen. Je mehr Wissenslücken sich im Zuge der Prüfungsvorbereitung offenbaren, desto geringer erscheinen die Chancen, dennoch die Prüfung zu bestehen. Man gerät langsam, aber sicher in Panik. Und die daraus resultierende Prüfungsangst ist gewiss nicht das, was man zur erfolgreichen Teilnahme an einer Prüfung gebrauchen kann.

Um derartige Probleme von vornherein zu vermeiden, müssen Sie die Prüfungsvorbereitung zeitlich vorverlegen, also parallel zur entsprechenden Vorlesung lernen. Dadurch erhöht sich zwar Ihr wöchentliches Arbeitspensum während der Vorlesungszeit, andererseits bleiben Ihnen aber die hektischen Lernphasen unmittelbar vor der Prüfung erspart. Statt sich dem üblichen Prüfungsstress auszusetzen, können Sie die Prüfung in aller Ruhe auf sich zukommen lassen.

Teilnahme an Vorlesungen und Übungen

Es gibt Studenten, die während ihres gesamten Studiums an keiner einzigen Übung teilnehmen und nur wenige Vorlesungen hören und dennoch alle Prüfungen auf Anhieb bestehen. Sie lernen ausschließlich anhand von Büchern und besorgen sich nur ab und zu eine Vorlesungsmitschrift, um einen Überblick über die Prüfungsanforderungen zu gewinnen. Dabei sind diese Studenten durchaus nicht immer Genies, denen der Lernstoff von ganz allein zufliegt. Sie haben lediglich irgendwann einmal festgestellt, dass sie besser lesen als zuhören können.

Der Besuch von Vorlesungen und Übungen ist grundsätzlich nur dann sinnvoll, wenn Sie sich den Lernstoff nicht schneller auf andere Weise aneignen können. Da das, was man sowohl gehört als auch gelesen hat, erfahrungsgemäß besser im Gedächtnis haften bleibt als das, was man ausschließlich gelesen hat, ist die Teilnahme an den Veranstaltungen aber in den meisten Fällen dennoch empfehlenswert. Vorlesungen sind zudem oft erheblich besser als Unterrichtsstunden an der Schule. Schließlich halten die Dozenten nur wenige Vorlesungen pro Woche und können sich deshalb besser darauf vorbereiten als Lehrer auf ihre Unterrichtsstunden. Insbesondere als Studienanfänger sollten Sie deshalb zunächst einmal den Besuch aller empfohlenen Veranstaltungen einplanen.

Flexibilität und Realisierbarkeit des Plans

Damit unvorhergesehene Ereignisse, wie etwa Krankheiten, nicht bestandene Prüfungen, Fehleinschätzungen des Arbeitsaufwands, ausgebuchte Seminare, fehlende Praktikantenstellen usw. den Plan Ihres Studiums nicht zu Fall bringen können, muss dieser ein hohes Maß an Flexibilität beinhalten. Andernfalls bestünde die Gefahr, dass der Plan sich bereits nach ein oder zwei Semestern als unpraktikabel erweist und damit alle guten Vorsätze zunichte sind. Flexibilität bedeutet, dass in jedem einzelnen Semester einschließlich der Semesterferien noch genügend unverplante Zeit zur Verfügung stehen muss, um nachträglich geringfügige Modifikationen am Plan vornehmen zu können. Sind Sie zum Beispiel krankheitsbedingt nicht in der Lage, an einer Klausur teilzunehmen, sollte zumindest ausreichend Luft vorhanden sein, um die Klausur zum nächstmöglichen Termin nachzuholen, ohne dass dadurch andere geplante Aktivitäten verschoben werden müssen.

Zweckmäßig ist die Aufstellung eines Plans zudem nur dann, wenn die volle Absicht und auch die Chance besteht, ihn zu realisieren. Der Arbeitsaufwand darf deshalb nie so hoch angesetzt werden, dass er nur mit Mühe bewältigt werden kann. Die Realisierbarkeit des Plans wäre dadurch von vornherein in Frage gestellt. Beispielsweise können Sie davon ausgehen, dass ein mehr als 30 Wochenstunden umfassender Stundenplan wenig sinnvoll ist, weil dann neben der Teilnahme an den Veranstaltungen nicht mehr genügend Zeit für die äußerst wichtige Nachbereitung verbliebe (vgl. dazu Kapitel 3.1).

Nehmen Sie sich deshalb viel Zeit für die Aufstellung eines flexiblen und realistischen Plans Ihres gesamten Studiums. Legen Sie genau fest, in welchem Semester Sie welche Vorlesungen hören und wann Sie an den geforderten Prüfungen teilnehmen wollen. Beachten Sie dabei aber unbedingt die jeweiligen Teilnahme- und Zulassungsvoraussetzungen. Müssen Sie Ihren Plan später aus welchen Gründen auch immer über den Haufen werfen, ist die Gefahr groß, dass Sie das Vertrauen in die Planbarkeit des Studiums gänzlich verlieren und unter Verzicht auf einen neuen Plan fortan eher ziellos vor sich hin studieren.

✔ **Was sind die Voraussetzungen für ein schnelles Studium?**

☐ Erstellen Sie vorab einen detaillierten Plan Ihres gesamten Studiums.

☐ Setzen Sie sich das Ziel, Ihr Studium innerhalb der Regelstudienzeit durchzuziehen.

☐ Absolvieren Sie alle Prüfungen zum frühestmöglichen Termin.

☐ Verteilen Sie die Prüfungsvorbereitung auf das gesamte Semester.

☐ Nehmen Sie an allen prüfungsrelevanten Veranstaltungen teil, sofern Sie sich den Lernstoff nicht besser anhand von Büchern aneignen können.

☐ Gestalten Sie den Plan Ihres Studiums flexibel und muten Sie sich keine unrealistisch hohe Arbeitsbelastung zu.

2.2 Grundstudium

Während des Grundstudiums stehen normalerweise noch keine Fächerkombinationen zur Auswahl. In der Prüfungs- oder Studienordnung, die Sie beim Prüfungsamt erhalten, sind die Voraussetzungen der Zulassung zur Zwischenprüfung sowie alle abzulegenden Einzelprüfungen detailliert aufgeführt. Somit erweist sich die Planung des Grundstudiums als eine vergleichsweise einfache Aufgabe.

Musterstundenpläne

Die meisten Fachbereiche geben für das Grundstudium Empfehlungen in Form von Musterstundenplänen, an die Sie sich im Großen und Ganzen auch halten sollten. Sie haben also praktisch in jedem Semester einen festen Stundenplan mit wenig Möglichkeiten der individuellen Gestaltung, so wie Sie es von der Schule gewohnt sind.

Bei den Terminen der Vorlesungen gibt es für Sie meist keine Wahlmöglichkeit. Eine gewisse Flexibilität bei der Festlegung Ihres persönlichen Stundenplans besteht lediglich bei Übungen und Laborpraktika, die in kleinen Gruppen zu unterschiedlichen Zeiten stattfinden. Bei diesen Veranstaltungen haben Sie folglich die Wahl zwischen mehreren verschiedenen Terminen. Manche Übungen finden aber auch zeitlich parallel in mehreren Gruppen statt. Damit wollen die Übungsleiter verhindern, dass die Teilnehmer bestimmte Übungen allein aufgrund des günstigeren Termins bevorzugen. Diese Übungen sind dann oft hoffnungslos überlaufen, während die an weniger günstigen Terminen stattfindenden Übungen nahezu leer sind.

Wie Sie die einzelnen Veranstaltungen und Prüfungen auf die Semester des Grundstudiums verteilen, bleibt grundsätzlich Ihnen überlassen (zur Aufstellung von Stundenplänen vgl. Kapitel 3.1). In der Regel ist es fast unmöglich, durch eine von der Empfehlung des Fachbereichs abweichende individuelle Gestaltung des Grundstudiums ein Semester einzusparen. Die genaue Einhaltung der für das Grundstudium empfohlenen Semesterzahl ist dagegen in den meisten Studiengängen problemlos möglich, weil die Veranstaltungen in Bezug auf ihre Reihenfolge aufeinander abgestimmt sind und sich nur selten zeitliche Überschneidungen im Stundenplan ergeben. Auch vom Arbeitsaufwand her dürften Sie, von Ausnahmefällen wie etwa dem Medizinstudium abgesehen, keine allzu großen Schwierigkeiten haben.

Wenn die meisten Ihrer Kommilitonen für das Grundstudium dennoch mehr Zeit benötigen, so liegt das meist daran, dass sie die anstehenden Prüfungen länger als erforderlich hinauszögern. Wer hingegen in jedem Semester die empfohlenen Veranstaltungen besucht und alle Prüfungen zum jeweils frühestmöglichen Zeitpunkt ablegt, kann sicher sein, keine Zeit zu verlieren.

Individuelle Korrekturen

In bestimmten Fällen ist eine geringfügige individuelle Korrektur der empfohlenen Stundenpläne dennoch sinnvoll. Sofern die Vorlesungen in den einzelnen Semestern nicht konsequent aufeinander aufbauen und sich keine zeitlichen Überschneidungen ergeben, sollten Sie versuchen, in den ersten Semestern etwas mehr Veranstaltungen zu belegen als in den letzten Semestern des Grundstudiums. Die Empfehlung des Fachbereichs sieht nämlich im Allgemeinen eine gleichmäßige Verteilung der Veranstaltungen auf die einzelnen Semester vor und berücksichtigt nicht die unterschiedliche Arbeitsbelastung durch Prüfungsvorbereitungen.

Da sich die meisten Prüfungen auf Lernstoff aus mehreren Semestern beziehen, können Sie nach dem ersten Semester normalerweise nur wenige Prüfungen ablegen, während sich die Prüfungen im letzten Semester häufen. Um den tatsächlichen Arbeitsaufwand gleichmäßiger über die Semester zu verteilen, ziehen Sie zum Ausgleich für die zusätzliche Belastung durch Prüfungsvorbereitungen den Besuch einiger Veranstaltungen um ein oder zwei Semester vor. Dadurch verschiebt sich möglicherweise auch die eine oder andere Prüfung zeitlich etwas nach vorn.

Abb. 3 verdeutlicht diesen Zusammenhang anhand des Arbeitsaufwands in den einzelnen Semestern des Grundstudiums mit und ohne individuelle Korrektur der empfohlenen Stundenpläne. Da der Musterstundenplan in diesem Beispiel konstant 20 Wochenstunden über insgesamt vier Semester vorsieht, steigt der gesamte Arbeitsaufwand bedingt durch die zunehmende Anzahl an Prüfungen von Semester zu Semester an (siehe Abb. 3a). Um den gesamten Arbeitsaufwand gleichmäßiger zu verteilen, könnten Sie, wie in Abb. 3b gezeigt, die steigende Belastung durch Prüfungsvorbereitungen durch eine schrittweise abnehmende Anzahl von Wochenstunden kompensieren. Dies setzt voraus, dass Sie in den beiden ersten Semestern mehr Veranstaltungen besuchen als im Musterstundenplan vorgesehen sind.

Sofern Sie sich daraufhin im ersten Semester immer noch nicht ausgelastet fühlen, können Sie diese Art der Korrektur sogar noch etwas weiter treiben, als zum Ausgleich des tatsächlichen Arbeitsaufwands pro Semester erforderlich ist. Sie haben dann einen vom ersten bis zum letzten Semester fallenden Gesamtarbeitsaufwand (siehe Abb. 3c). Das hat zwei Vorteile. Erstens gewinnen Sie in den späteren Semestern etwas Luft für unvorhergesehene Probleme. Fallen Sie beispielsweise im

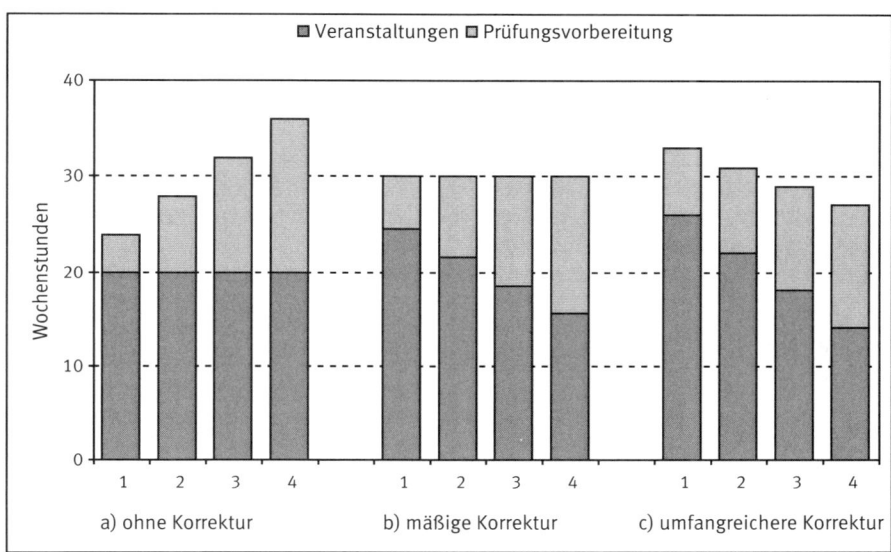

Abb. 3: Arbeitsaufwand pro Semester durch Veranstaltungen und Prüfungsvorbereitung

ersten oder zweiten Semester durch eine Prüfung, haben Sie spätestens im dritten
Semester genügend Reserven, um sich zusätzlich auf die Wiederholungsprüfung
vorbereiten zu können. Zweitens erlaubt Ihnen die geringe Arbeitsbelastung im
letzten Grundstudiumssemester, zu Orientierungszwecken bereits einige Vorlesungen des Hauptstudiums zu hören. Die zu Beginn des Hauptstudiums anstehende
Wahl einer Fächerkombination wird Ihnen dann möglicherweise erheblich leichter
fallen (vgl. Kapitel 2.3, Wahl der Fächerkombination).

Müssen Sie Ihr Studium überwiegend durch eine Nebenbeschäftigung finanzieren,
kann die wöchentliche Arbeitsbelastung bei Einhaltung des Musterstundenplans
während der Vorlesungszeit bereits zu hoch werden, denn Musterstundenpläne
berücksichtigen diese Doppelbelastung normalerweise nicht. Lassen Sie sich nicht
durch die geringe Anzahl von Veranstaltungen täuschen. Ein Stundenplan mit
20 oder 24 Wochenstunden bringt faktisch deutlich mehr als 30 Stunden Arbeit
mit sich, wenn Sie die erforderlichen Nachbereitungszeiten dazurechnen. Falls Sie
dann noch mehr als zehn Stunden pro Woche zum Geldverdienen aufwenden müssen, bleibt von Ihrer Freizeit nicht mehr viel übrig. In solchen Fällen ist es sinnvoller, sich für das Grundstudium ein Semester mehr zu gönnen, als im Musterstundenplan vorgesehen ist.

Ferienjobs sind in diesem Sinne unproblematischer, weil die Arbeitsbelastung in den Semesterferien normalerweise ohnehin geringer ist. Allerdings dürfen Sie nicht vergessen, dass Sie zumindest einen Teil der Semesterferien zum Lernen benötigen werden. Sie müssen dafür möglicherweise Ihre Urlaubswünsche vollständig auf die Semesterferien zwischen Grund- und Hauptstudium verschieben.

Prüfungsnoten

Für die Noten in Ihrem Zwischenprüfungszeugnis wird sich spätestens nach dem bestandenen Examen kaum noch jemand interessieren. Es ist deshalb nicht gerechtfertigt, sich zugunsten besserer Noten auch nur ein Semester länger als zwingend notwendig im Grundstudium aufzuhalten. Obwohl es grundsätzlich ausreichend ist, sich gerade so gut vorzubereiten, dass Sie die Prüfung sicher bestehen, ist diese Strategie jedoch nicht ganz ungefährlich.

In jedem Fall sollten Sie darauf achten, die Zusammenhänge und grundlegenden Prinzipien des Lernstoffs verstanden zu haben. Andernfalls könnten Sie im Hauptstudium erhebliche Verständnisschwierigkeiten bekommen und müssten den Lernstoff des Grundstudiums womöglich teilweise auffrischen. Detailwissen, das sich jederzeit in Büchern nachschlagen lässt, dürfen Sie dagegen nach jeder bestandenen Prüfung getrost wieder vergessen.

Unter bestimmten Umständen kann ein gutes Zwischenprüfungszeugnis dennoch von großem Nutzen sein. Sind Ihre Leistungen wirklich herausragend, wird eventuell die eine oder andere Stiftung auf Sie aufmerksam und lädt Sie zu einem Auswahlverfahren für die Vergabe eines Stipendiums ein. Erkundigen Sie sich am besten beim Prüfungsamt, welche Möglichkeiten hier bestehen.

☑ **Was ist bei der Planung des Grundstudiums zu beachten?**

☐ Richten Sie sich im Wesentlichen nach dem vom Fachbereich empfohlenen Musterstundenplan.

☐ Planen Sie in den ersten Semestern etwas mehr Veranstaltungen ein als in den letzten.

☐ Berücksichtigen Sie eventuelle zusätzliche Arbeitsbelastungen durch Ferienjobs und Nebenbeschäftigungen.

☐ Ziehen Sie für das letzte Grundstudiumssemester bereits den Besuch einiger Vorlesungen des Hauptstudiums in Betracht.

☐ Lassen Sie sich nicht durch die Hoffnung auf bessere Zwischenprüfungsnoten dazu verleiten, länger als unbedingt erforderlich im Grundstudium zu verweilen.

2.3 Hauptstudium

Im Hauptstudium bieten sich erheblich mehr Gestaltungsmöglichkeiten als im Grundstudium. Empfehlungen und Vorschläge des Fachbereichs für die Organisation des Hauptstudiums existieren allenfalls in Form von so genannten Studienmodellen, die mehr oder weniger umfassend modifiziert werden können. Sie haben im Hauptstudium also in viel stärkerem Maße als im Grundstudium Gelegenheit, Ihre eigenen Vorstellungen zu verwirklichen. Grundlage für die Erstellung eines Plans für das Hauptstudium ist in jedem Fall die Prüfungs- bzw. Studienordnung. Aus ihr gehen die Voraussetzungen für die Zulassung zum Examen und die bestehenden Wahlmöglichkeiten hervor.

Wie schon im Grundstudium, empfiehlt es sich auch im Hauptstudium, in den ersten Semestern einen etwas größeren Arbeitsaufwand einzuplanen als in den letzten Semestern. Auf diese Weise gewinnen Sie Spielraum, um auf unvorhergesehene Ereignisse, wie etwa ausgefallene Vorlesungen oder nicht bestandene Klausuren, flexibel reagieren zu können. Den nahe liegenden Gedanken, sich nach den vielen Prüfungen des letzten Grundstudiumssemesters als Ausgleich auch einmal ein gemütliches Semester mit nur wenigen Wochenstunden zu gönnen, sollten Sie entschieden von sich weisen. Sie hätten im darauf folgenden Semester Schwierigkeiten, sich wieder an das normale Arbeitspensum zu gewöhnen und müssten möglicherweise sogar überdurchschnittlich viel arbeiten, um den versäumten Lernstoff nachzuholen.

Wahl der Fächerkombination

Am Anfang des Hauptstudiums steht die Wahl einer Fächerkombination. Persönliche Interessen, Berufschancen, Zeitaufwand, Schwierigkeitsgrad, pädagogische Qualitäten der Fachdozenten, Gutmütigkeit der Prüfer und vieles mehr müssen gegeneinander abgewogen werden. Teilweise sind dies die gleichen Entscheidungskriterien, die auch für die Wahl des Studienfachs maßgeblich sind (vgl. Kapitel 1.3). Allerdings dürften Sie nach Abschluss des Grundstudiums über weitaus mehr Sicherheit in der Beurteilung der verschiedenen Teilgebiete und deren Fachdozenten verfügen. Das gilt vor allem dann, wenn Sie im letzten Grundstudiumssemester bereits einige Vorlesungen des Hauptstudiums gehört haben (vgl. Kapitel 2.2, Individuelle Korrekturen). Zusätzliche Informationen erhalten Sie gegebenenfalls von Kommilitonen aus höheren Semestern, die in aller Regel gern bereit sind, über ihre Erfahrungen zu berichten.

Mit dem Beginn des Hauptstudiums sind Sie aber auch dem späteren Berufseinstieg einen entscheidenden Schritt näher gekommen. Es ist deshalb durchaus nicht abwegig, sich schon jetzt Gedanken über Ihr künftiges berufliches Tätigkeitsfeld zu machen und diese Überlegungen in die Entscheidung über die Fächerkombination einfließen zu lassen. Ein angehender Volkswirt, der nach dem Examen nicht unbedingt an der Universität bleiben möchte und die geringen Chancen, bei einem wirtschaftswissenschaftlichen Forschungsinstitut unterzukommen, realistisch beurteilt, tut beispielsweise gut daran, sich im Hauptstudium stärker den betriebswirtschaftlichen Gebieten zuzuwenden. Denn was nützt es ihm, wenn er als Fachmann für Geld- und Fiskalpolitik sowie Außenwirtschaftstheorie im Beruf eher mit Fragen der betrieblichen Rechnungslegung konfrontiert wird?

! **Tipp:** Informationen über die Anforderungsprofile in der Berufspraxis erhalten Sie vom Arbeitsamt oder direkt bei potenziellen Arbeitgebern, mit denen Sie nach einem Praktikum oder einem Ferienjob in Kontakt stehen. Besonders aufschlussreich können zudem Gespräche mit berufstätigen Akademikern sein, die den gleichen Studiengang bereits absolviert haben.

Auch die meisten Professoren haben mehr oder weniger gute Kontakte zur Wirtschaft und anderen potenziellen Arbeitgebern. Nutzen Sie doch einfach die Sprechstunden Ihrer Dozenten, um sich über typische Anforderungsprofile zu informieren.

Gelegenheiten zu ersten Kontakten zu potenziellen Arbeitgebern bieten sich oft auch im Anschluss an Vorträge von Praktikern oder bei so genannten Bewerberforen an der Universität. Zu einem Bewerberforum werden üblicherweise Personalchefs mehrerer Unternehmen eingeladen, die dann über die von Ihnen gebotenen Karrieremöglichkeiten berichten. Oft gibt es nach den Vorträgen Möglichkeiten zu Einzelgesprächen.

Falls Sie sich partout nicht für eine bestimmte Fächerkombination entscheiden können, besteht immer noch die Möglichkeit, ein oder zwei Semester lang mehrere Fächerkombinationen parallel laufen zu lassen. Schieben Sie die endgültige Entscheidung aber nicht allzu lange hinaus, denn die dadurch bedingte Arbeitsbelastung ist naturgemäß sehr hoch. Das Risiko, allein aus Unentschlossenheit ein ganzes Semester zu verlieren, dürfen Sie unter keinen Umständen eingehen.

Auch sollten Sie sich bei der Wahl der Fächerkombination nicht ausschließlich von den Kommilitonen aus Ihrem Freundeskreis beeinflussen lassen. Treffen Sie Ihre Entscheidung also nicht allein aufgrund der Tatsache, dass Sie dann weiterhin mit Ihren Kommilitonen dieselben Veranstaltungen besuchen können. Es wäre reiner Zufall, wenn sich Ihre fachlichen Interessen exakt decken. Dass sich die Beziehungen zum gewohnten Bekanntenkreis im Hauptstudium lockern, weil man sich seltener in den Veranstaltungen trifft, lässt sich nicht immer vermeiden. Sehen Sie darin einfach eine Gelegenheit, neue Leute kennen zu lernen.

Zielvorgabe

Haben Sie sich schließlich für eine Fächerkombination entschieden, stehen die im Verlauf des Hauptstudiums in Form von Labor-, Übungs- und Seminarscheinen, schriftlichen und mündlichen Prüfungen sowie der Abschlussarbeit zu erbringenden Leistungen fest. Ausgehend von Ihrer Zielvorgabe für die Dauer des Hauptstudiums, die sich beispielsweise an der Regelstudienzeit oder an einem Studienmodell orientieren kann, gilt es nun, die erforderlichen Veranstaltungen auf die einzelnen Semester zu verteilen und die Termine für sämtliche Leistungsnachweise festzulegen.

Dabei erweisen sich die im Grundstudium gesammelten Erfahrungen wahrscheinlich als sehr nützlich. Insbesondere dürften Sie den Arbeitsaufwand für die einzelnen Veranstaltungen und Ihre eigene Leistungsfähigkeit inzwischen ziemlich genau einschätzen können. Stellt sich nachträglich heraus, dass die Zielvorgabe zu knapp bemessen, der zu erwartende Arbeitsaufwand also höher als die eigene Leistungsfähigkeit bzw. -bereitschaft ist, müssen Sie die geplante Dauer des Hauptstudiums natürlich entsprechend verlängern. Umgekehrt sollten Sie sich aber auch nicht scheuen, die Zielvorgabe um ein Semester zu verkürzen, wenn Sie zu der Überzeugung kommen, die geforderten Leistungen schneller erbringen zu können.

Vorlesungszyklen

Anders als im Grundstudium werden die Vorlesungen im Hauptstudium von den Fachdozenten meist als Zyklen mit einer Periode von vier Semestern angeboten. Innerhalb eines solchen Zyklus finden nacheinander alle prüfungsrelevanten Vorlesungen statt.

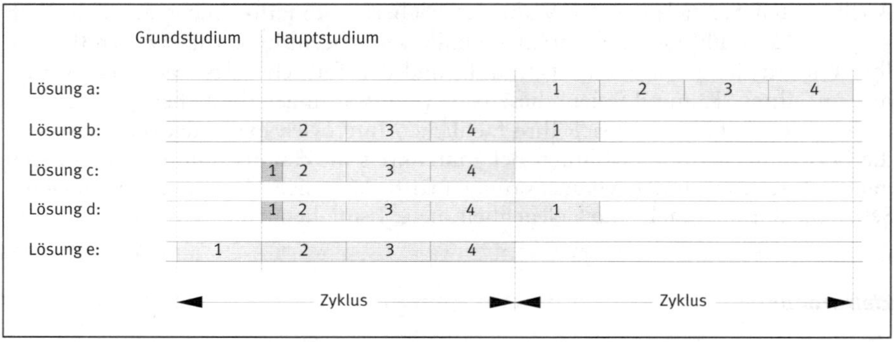

Abb. 4: Das Problem der Vorlesungszyklen und mögliche Lösungen

Häufig wird empfohlen, die Vorlesungen in einer bestimmten Reihenfolge zu hören. Wird nun im Extremfall gerade dann, wenn Sie mit dem Hauptstudium beginnen, die zweite Vorlesung eines Zyklus angeboten, können Sie folglich erst im vierten Hauptstudiumssemester mit dem nächsten Zyklus beginnen. Dieser Zyklus endet dann aber erst in Ihrem siebten Hauptstudiumssemester (siehe Abb. 4, Lösung a). Die Einhaltung der empfohlenen Reihenfolge kollidiert in diesem Fall sehr wahrscheinlich mit Ihrer Zielvorgabe für die Dauer des Hauptstudiums. So etwas darf jedoch keinesfalls als Ausrede für eine Verlängerung der Zielvorgabe missbraucht werden, zumal es verschiedene Möglichkeiten gibt, das Problem zu lösen.

Durch Befragung älterer Kommilitonen stellt sich eventuell heraus, dass die einzelnen Vorlesungen des Zyklus doch nur minimal aufeinander aufbauen. Die Vorlesungen können somit entgegen den Empfehlungen des Dozenten auch in beliebiger Reihenfolge gehört werden. Es spricht also nichts dagegen, dass Sie in Ihrem ersten Hauptstudiumssemester mit der zweiten Vorlesung beginnen. Die erste Vorlesung hören Sie dann erst im vierten Hauptstudiumssemester mit dem Beginn des nächsten Zyklus (siehe Abb. 4, Lösung b).

Bauen die Vorlesungen dagegen konsequent aufeinander auf, so besorgen Sie sich am besten rechtzeitig von älteren Kommilitonen eine Mitschrift der entgangenen

Vorlesung und arbeiten diese in den ersten ein bis zwei Wochen des Semesters durch. Das ist im Allgemeinen problemlos machbar, weil die Arbeitsbelastung zu Beginn des ersten Hauptstudiumssemesters erfahrungsgemäß noch nicht allzu hoch ist. Auf die fehlende Vorlesung verzichten Sie entweder ganz oder holen sie im vierten Hauptstudiumssemester nach, wenn der Zyklus wieder von vorn beginnt (siehe Abb. 4, Lösungen c und d).

Eine weitere Lösung, die ebenfalls nicht außer Acht gelassen werden sollte, besteht darin, die erste Vorlesung des Zyklus schon im letzten Semester des Grundstudiums zu hören (siehe Abb. 4, Lösung e). Das geht natürlich nur dann, wenn sich die Vorlesung nicht zeitlich mit einer wichtigen Grundstudiumsveranstaltung überschneidet, was leider häufig der Fall ist. Außerdem ist Voraussetzung, dass Sie im Grundstudium genügend Luft haben, um eine zusätzliche Vorlesung verkraften zu können.

Wiederholte Teilnahme an Vorlesungen

Wer kurz vor dem Examen steht, meint häufig, bereits in früheren Zyklen gehörte Vorlesungen noch einmal hören zu müssen. Zum einen, so wird gern argumentiert, werde der Lernstoff durch die Wiederholung gefestigt, und zum anderen bekäme man dadurch auch gegebenenfalls neu in die Vorlesung aufgenommene Inhalte mit.

Beide Argumente sind wenig überzeugend. Denn eine feste Verankerung des Lernstoffs im Gedächtnis kann allenfalls innerhalb von 36 Stunden nach der jeweiligen Veranstaltung erreicht werden, keinesfalls jedoch vier bis fünf Semester später. Sofern Sie den Lernstoff nicht sofort festigen, werden Sie ihn schon nach wenigen Wochen fast vollständig vergessen haben. Hören Sie die Vorlesung später ein zweites Mal, wird vieles für Sie wieder vollkommen neu sein.

Haben Sie andererseits den Lernstoff bereits gefestigt, dann erfahren Sie beim wiederholten Besuch der Vorlesung nur wenig Neues. Sind beispielsweise zehn Prozent des dargebotenen Lernstoffs wirklich neu, können Sie von einer 90-minütigen Vorlesung im Durchschnitt nur neun Minuten profitieren. Die restlichen 81 Minuten herrscht pure Langeweile. Dafür sollte Ihnen Ihre Zeit zu schade sein. Leihen Sie sich lieber die Mitschrift eines Kommilitonen aus und vergleichen Sie sie mit Ihrer eigenen Mitschrift vom letzten Zyklus. Dabei werden Sie wahrscheinlich feststellen, dass die hier beispielhaft angenommenen zehn Prozent noch viel zu hoch gegriffen sind und Ihnen weit mehr als 90 Prozent bekannt sind. Schließlich sind die wenigsten Professoren gewillt, alle paar Semester ihre Vorlesungen vollständig zu überarbeiten.

Tipp: Verzichten Sie also prinzipiell darauf, irgendeine Vorlesung zweimal zu hören. Neu aufgenommenen Lernstoff erfahren Sie entweder aus Mitschriften von Kommilitonen oder indem Sie den Professor selbst danach fragen.

Fortgeschrittenenübungen, Seminare und Laborpraktika

Der Nachweis der erfolgreichen Teilnahme an Fortgeschrittenenübungen, Seminaren und Laborpraktika ist meist Voraussetzung für die Anmeldung zu Prüfungen oder zum Examen. Wer an einer dieser Veranstaltungen teilnimmt und je nach Anforderungen die Abschlussklausur besteht oder ein passables Referat hält, bekommt dafür eine Bescheinigung, die bei der Anmeldung zur Prüfung vorzulegen ist.

Da die Teilnehmerzahl häufig beschränkt ist und speziell Seminare nur in unregelmäßigen Zeitabständen und mit wechselnden Themen angeboten werden, ist es mitunter schwierig, diese Veranstaltungen bereits zu Beginn des Hauptstudiums fest einzuplanen. Die erforderliche Flexibilität gewinnen Sie am besten dadurch, dass Sie mehr Fortgeschrittenenübungen, Seminare und Laborpraktika vorsehen, als tatsächlich nötig sind. Es lässt sich dann durchaus verschmerzen, wenn beispielsweise das für ein bestimmtes Semester geplante Seminar gar nicht stattfindet, ein uninteressantes Thema hat oder Sie bei der Anmeldung nicht zum Zuge kommen.

Ferner müssen Sie bei der Planung der genannten Veranstaltungen berücksichtigen, dass die Dozenten mitunter die Erfüllung bestimmter Teilnahmevoraussetzungen erwarten. Ist beispielsweise die Teilnahme an einem Laborpraktikum nur möglich, wenn zuvor eine bestimmte Fortgeschrittenenübung absolviert wurde, müssen Sie die obligatorische Übung mindestens ein Semester vor dem Laborpraktikum einplanen.

Voraussetzung für die Teilnahme an Seminaren ist hingegen meist die Anfertigung einer schriftlichen Hausarbeit, die vor Beginn des Seminars benotet wird. Ist die Hausarbeit mangelhaft, wird die Teilnahme am Seminar verwehrt. Oft wird auch die Kenntnis des Lernstoffs bestimmter Vorlesungen vorausgesetzt. Sie müssen dann unter Umständen sogar damit rechnen, dass diese Kenntnisse mittels einer Eingangsklausur abgeprüft werden. Wer die Klausur nicht besteht, darf an der Veranstaltung nicht teilnehmen.

Studien-, Diplom- oder Magisterarbeit

Die Studien-, Diplom- oder Magisterarbeit ist je nach Prüfungs- bzw. Studienordnung vor, während oder nach den Examensprüfungen anzufertigen. Der zu veranschlagende Zeitbedarf ist ebenfalls sehr unterschiedlich. Er reicht von einigen Wochen bis zu mehreren Monaten. Zwar schreibt die Prüfungs- bzw. Studienordnung fast immer eine maximale Bearbeitungszeit vor, jedoch wird diese Frist häufig dadurch umgangen, dass die Arbeit nicht sofort nach der Vergabe des Themas angemeldet wird, sondern erst kurz vor der Abgabe (siehe Abb. 5).

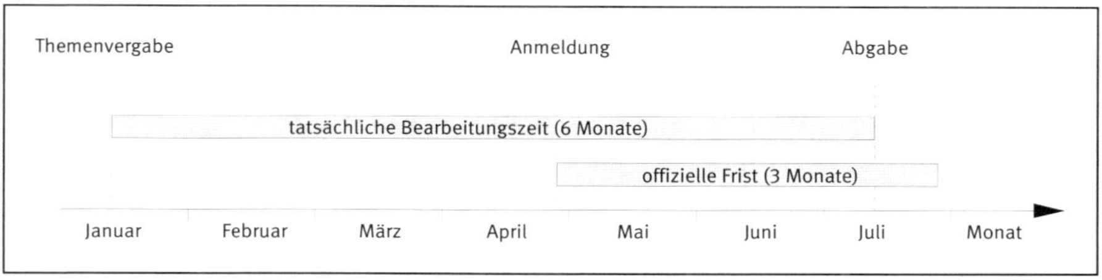

Abb. 5: Offizielle Frist und tatsächliche Bearbeitungszeit einer Diplomarbeit

Diese recht lasche Handhabung gereicht den Studenten durchaus nicht zum Vorteil. Vielmehr sehen die Professoren darin eine Möglichkeit, immer aufwändigere Themen zu stellen, die unmöglich unter Einhaltung der vorgeschriebenen Frist bearbeitet werden können. Überwacht das Prüfungsamt die Fristen dagegen mit unerbittlicher Strenge, sind die Professoren gezwungen, nur solche Themen zu stellen, die sich tatsächlich in der entsprechenden Zeit bearbeiten lassen (vgl. dazu Kapitel 7.1).

Unter Umständen müssen Sie auch noch mit einer längeren Korrekturzeit rechnen. Denn wenn der mit der Korrektur Ihrer Arbeit beauftragte wissenschaftliche Mitarbeiter gerade mit anderen Dingen beschäftigt ist, kann es Ihnen passieren, dass Sie nach der Abgabe mehrere Wochen oder gar Monate auf Ihre Note warten müssen.

Bei der Planung Ihrer Abschlussarbeit sollten Sie in jedem Fall eine realistische Bearbeitungszeit sowie großzügige Reserven einkalkulieren. Informieren Sie sich also nicht nur über die maximale Bearbeitungszeit laut Prüfungs- bzw. Studienordnung, sondern auch über die tatsächlichen Bearbeitungs- und Korrekturzeiten. Wirklich zuverlässige Auskünfte können Ihnen nur wissenschaftliche Mitarbeiter oder Kommilitonen, die mit ihrer Arbeit schon fertig sind, geben. Professoren neigen dagegen stets dazu, die Bearbeitungszeiten der von ihnen vergebenen Themen herunterzuspielen.

Examen

Die Modalitäten der Examensprüfungen ersehen Sie natürlich ebenfalls aus der Prüfungs- bzw. Studienordnung. Über die Anmeldefristen und die bei der Anmeldung vorzulegenden Bescheinigungen und sonstigen Unterlagen sollten Sie sich unbedingt rechtzeitig informieren. Es wäre äußerst ärgerlich, wenn Sie allein aufgrund eines Formfehlers nicht zur Prüfung zugelassen würden und bis zum nächsten Prüfungstermin warten müssten. Außer in der Prüfungs- bzw. Studienordnung finden Sie Informationen zu diesem Thema am schwarzen Brett des Prüfungsamts.

Tipp: In einigen Studiengängen erlaubt die Prüfungsordnung einen so genannten Freiversuch, im Unijargon auch „Freischuss" genannt. Wenn man sich bis zu einem bestimmten Fachsemester zum Examen anmeldet und dabei durchfällt, wird dieser erste Versuch nicht angerechnet. Das Ziel dieser Regelung ist, durch Beseitigung der negativen Folgen eines Fehlschlags Studenten zu ermutigen, möglichst frühzeitig ins Examen zu gehen und damit die durchschnittliche Studiendauer zu verkürzen.

Es gibt tatsächlich Statistiken, die den Erfolg dieser Maßnahme bestätigen. Die durchschnittlichen Examensnoten derjenigen, die beim Freiversuch erfolgreich waren, sind allerdings unterdurchschnittlich. Schließlich unternehmen auch viele Kandidaten einen Freiversuch, die noch gravierende Wissenslücken haben. Sofern Sie Wert auf einen guten Abschluss legen, sollten Sie einen Freiversuch folglich nur dann wagen, wenn Sie wirklich bereit fürs Examen sind.

Die Examensprüfungen sind entweder über das gesamte Hauptstudium verteilt oder finden in einem oder mehreren Blöcken am Ende des Hauptstudiums statt. Dementsprechend müssen Sie genügend Zeit für Prüfungsvorbereitungen einplanen. Sofern Sie alle Veranstaltungen regelmäßig nachbereiten und den Lernstoff zusätzlich in den jeweils folgenden Semesterferien wiederholen, dürften wenige Wochen für die gesamte Examensvorbereitung ausreichen. Wer dagegen erst in Anbetracht des bevorstehenden Examens mit dem Lernen beginnt, muss damit rechnen, viele Monate allein mit Prüfungsvorbereitungen zu verbringen.

✔ Was ist bei der Planung des Hauptstudiums zu beachten?

☐ Planen Sie auch im Hauptstudium anfangs einen etwas höheren Arbeitsaufwand ein, um Reserven für unvorhergesehene Ereignisse zu gewinnen.

☐ Berücksichtigen Sie bei der Wahl der Fächerkombination sowohl Ihre persönlichen Interessen als auch die späteren Berufschancen, den Zeitaufwand, den Schwierigkeitsgrad und die Qualität der Fachdozenten.

☐ Hören Sie Vorlesungszyklen, deren einzelne Veranstaltungen inhaltlich aufeinander aufbauen, möglichst in der empfohlenen Reihenfolge.

☐ Verschwenden Sie nicht Ihre Zeit, indem Sie die gleiche Vorlesung zweimal hören.

☐ Informieren Sie sich rechtzeitig über die Teilnahmevoraussetzungen an Fortgeschrittenenübungen, Seminaren und Laborpraktika.

☐ Sehen Sie Alternativen vor für den Fall, dass Sie an einer geplanten Veranstaltung nicht teilnehmen können.

☐ Schätzen Sie den Arbeitsaufwand Ihrer Abschlussarbeit realistisch ein.

☐ Reservieren Sie genügend Zeit für die Vorbereitung auf das Examen.

2.4 Semesterferien

Während Ihres Studiums haben Sie jedes Jahr durchschnittlich 20 Wochen Semesterferien. Zählt man die meist zweiwöchigen Weihnachtsferien hinzu, kommen Sie sogar auf 22 Wochen. Das ist erheblich mehr als die sechs Wochen Urlaub, die den meisten Angestellten zustehen. Mit einem entsprechend größeren Erholungsbedarf lässt sich so viel Freizeit kaum begründen. Offiziell heißen die Semesterferien ja auch nicht „Ferien", sondern „vorlesungsfreie Zeit". Sie müssen die Semesterferien also ebenfalls in die Planung Ihres Studiums einbeziehen. Normalerweise werden Sie Ihre Semesterferien mit folgenden Aktivitäten verbringen:

- Urlaub
- Lernen
- Praktika und Ferienjobs
- Anfertigung schriftlicher Hausarbeiten
- Teilnahme an Ferienkursen

Urlaub

Fast jeder Mensch braucht ab und zu Urlaub, um sich vom Alltag zu erholen. Zweimal drei Wochen im Jahr sollten dazu allerdings vollkommen ausreichen. Denn gerade in der Urlaubszeit, in der man naturgemäß ganz andere Dinge als das Studium im Kopf hat, ist die Gefahr recht groß, einen Teil des mühsam aufgenommenen Lernstoffs wieder zu vergessen. Obendrein dürfte es einem nach einer längeren Periode des Nichtstuns verhältnismäßig schwer fallen, sich wieder an den Schreibtisch zu setzen und mit dem Lernen zu beginnen. Es besteht dann die Gefahr, dass man sich überhaupt nicht mehr aufraffen kann und auch für den Rest der Semesterferien das Studium vernachlässigt.

Besonders ungünstig ist es, unmittelbar vor dem Examen bzw. der Examensvorbereitung einen längeren Urlaub zu machen, denn gerade dann ist der Umfang des zu behaltenden Lernstoffs am höchsten. Sehen Sie den Urlaub lieber als eine Art Belohnung für bestandene Prüfungen an. Nach einer gerade absolvierten Prüfung, besonders nach der Zwischenprüfung und nach dem Examen, können Sie Ihren Urlaub zudem viel unbeschwerter genießen, weil sie keinen Gedanken an noch bevorstehende Prüfungen verschwenden müssen.

Ansonsten sollten Sie bedenken, dass jede Woche Urlaub letztlich Ihre Studiendauer verlängert. Bei Auslandsreisen, die oftmals nicht ganz billig sind, stellt sich zudem noch die Frage der Finanzierung. Sind Sie gezwungen, Ihre Urlaubsreise mit Ferienjobs zu finanzieren, verlieren Sie für Ihr Studium sogar ein Mehrfaches der eigentlichen Urlaubszeit, da nun auch die restlichen Semesterferien nur teilweise zum Lernen zur Verfügung stehen. Für finanziell besonders aufwändige Urlaubsreisen haben Sie auch später noch ausreichend Gelegenheit, zumal Sie sich als Berufstätiger um die Finanzierung weitaus weniger Gedanken machen müssen.

Praktika und Ferienjobs

In vielen Studiengängen schreibt die Prüfungs- bzw. Studienordnung die Absolvierung eines oder zweier mehrmonatiger Berufspraktika vor. Ein Praktikum soll Ihnen Gelegenheit geben, die Berufspraxis kennen zu lernen und Ihre im Studium erworbenen Kenntnisse anzuwenden. Es ist also eine Art betrieblicher Kurzausbildung.

Die genauen Anforderungen entnehmen Sie der Praktikantenrichtlinie, die Sie beim Prüfungsamt oder beim Praktikantenamt erhalten. Auch auf der Webseite

Ihrer Universität dürfte diese zu finden sein. In den ingenieurwissenschaftlichen Studiengängen wird meist ein Praktikum von 26 Wochen Gesamtdauer gefordert, das sich aus einem Grundpraktikum und einem Fachpraktikum zusammensetzt.

Normalerweise müssen Sie sich selbst um eine Praktikantenstelle bei einem Unternehmen aus Ihrer Branche bewerben. Da viele Unternehmen regelmäßig in den Semesterferien Praktikanten einstellen, besteht in der Regel kein Mangel an Angeboten. Kommilitonen aus höheren Semestern, wissenschaftliche Mitarbeiter und Professoren werden Ihnen mit Sicherheit Hinweise geben können, bei welchen Unternehmen Ihre Bewerbung Erfolg versprechend ist. Falls nötig, können Sie auch die Dienste einer Vermittlungsstelle, etwa des Arbeitsamts, der IHK, der Studienberatung oder des Praktikantenamts, in Anspruch nehmen.

@ Links

Zur Praktikantenbörse des Arbeitsamts gelangen Sie über die Homepage:
☐ *http://www.arbeitsamt.de*

Die IHK bietet unter
☐ *http://www.apa.ihk.de*
ihren so genannten Ausbildungs- und Praktikantenatlas an. Weitere Angebote finden Sie bei kommerziellen Stellenvermittlern, deren Dienste für Arbeit Suchende generell kostenlos sind. Hier finden Sie mitunter auch Angebote für Ferienjobs.
☐ *http://www.berufsstart.de*
☐ *http://www.forum-jobline.de*
☐ *http://www.jobpilot.de*
☐ *http://www.jobware.de*
☐ *http://www.mamas.de*
☐ *http://www.monster.de*
☐ *http://www.stepstone.de*
☐ *http://www.unicum.de*

Unter Umständen kann zumindest ein Teil des Praktikums bereits vor dem Beginn des Studiums absolviert werden. Sofern dies in Ihrem Fall zeitlich möglich ist, hätte das den Vorteil, dass die Semesterferien für andere Dinge voll zur Verfügung stünden. Ansonsten müssen Sie für die Praktika entsprechend viel Zeit in den Semesterferien reservieren. Natürlich können Sie das Praktikum auch in mehrere Abschnitte von jeweils einigen Wochen aufteilen, die in aufeinander folgenden Semesterferien absolviert werden.

Praktikanten werden meist nicht besonders gut bezahlt. Anders sieht es mit Ferienjobs aus, die nicht den Charakter einer Ausbildung haben. Sofern Sie Ihr Studium weitgehend selbst finanzieren müssen, rechnen Sie die erforderliche Dauer der Ferienjobs anhand Ihres Haushaltsbudgets und des zu erwartenden Monatseinkommens aus und planen Sie entsprechend viel Zeit in den Semesterferien ein. Um beispielsweise ein Finanzierungsdefizit von 300 Euro pro Monat zu decken, müssen Sie jährlich 3.600 Euro durch Ferienjobs hinzuverdienen. Das heißt, bei einem Monatsgehalt von 1.800 Euro müssten Sie jährlich neun Wochen arbeiten, bei nur 1.200 Euro pro Monat wären es immerhin schon 13 Wochen. Weitere Hinweise zur Finanzierung des Studiums gibt Kapitel 1.4.

> **Tipp:** Einkommensteuer fällt bis zu einem jährlichen Einkommen von 7.426 Euro (Stand: 2003) nicht an. Beiträge zur Arbeitslosen- und zur Pflegeversicherung brauchen Sie als Student nicht zu zahlen, wohl aber zur Renten- und Krankenversicherung. Aktuelle Informationen finden Sie unter *http://www.unifinanzen.de*

Lernen

Eine besonders wichtige Tätigkeit während der Semesterferien ist die zusammenhängende Wiederholung des Lernstoffs der Veranstaltungen des zurückliegenden Semesters anhand von Mitschriften und Büchern. Ziel ist es, den Lernstoff so zu festigen und zu vertiefen, dass sich die spätere Prüfungsvorbereitung auf ein Minimum reduzieren lässt. Der Zeitbedarf dürfte grob geschätzt bei etwa einer Woche pro Veranstaltung liegen.

Indem Sie in den Semesterferien weiterlernen, vermeiden Sie überdies größere Anlaufschwierigkeiten zu Beginn des folgenden Semesters. Dabei ist es durchaus nicht erforderlich, in den Semesterferien genauso viel wie in der Vorlesungszeit zu arbeiten. Eine Reduzierung des Arbeitspensums um beispielsweise ein Viertel ist ohne weiteres vertretbar, denn schließlich ist die Arbeit durch den Wegfall der Vorlesungen und der anderen Veranstaltungen in den Ferien weniger abwechslungsreich und erfordert mehr Konzentration.

Auch während länger andauernder Ferienjobs sollten Sie sich wenigstens am Wochenende einige Stunden mit Ihren Lehrbüchern und Vorlesungsmitschriften beschäftigen. Sechs bis acht Stunden sind dafür vollkommen ausreichend. Wenn Sie dagegen über mehrere Wochen hinweg ganz aufs Lernen verzichten, besteht genau wie bei längeren Urlaubsreisen die Gefahr, dass große Teile des Lernstoffs in Vergessenheit geraten. Die Wiederholung des Lernstoffs und die Wiederaufnahme des gewohnten Arbeitspensums würden Ihnen nach Beendigung des Ferienjobs schwer fallen.

Statt sechs bis acht Stunden am Wochenende mit Lernen zu verbringen, können Sie sich alternativ auch an jedem Wochentag etwa eine Stunde an Ihren Schreibtisch setzen. Dabei sollten Sie aber bedenken, dass Ihre Konzentrationsfähigkeit nach einem anstrengenden Achtstundentag nicht mehr auf der Höhe sein dürfte. Jeden Tag eine Stunde früher aufzustehen und noch vor Arbeitsbeginn ein wenig zu lernen, ist in diesem Sinne zwar günstiger, dafür aber gewiss nicht jedermanns Sache.

Planen Sie deshalb für jede Veranstaltung, deren Lernstoff nicht bereits am Ende des Semesters Gegenstand einer Prüfung ist, in den jeweils folgenden Semesterferien eine Woche für die Wiederholung ein. Dadurch verringert sich natürlich die für Urlaubsreisen und Ferienjobs verfügbare Zeit, was zur Folge haben kann, dass Sie entweder ganz auf Urlaub verzichten oder eine Gefährdung der Finanzierung Ihres Lebensunterhalts hinnehmen müssten. In solchen Fällen ist zu überlegen, die Zahl der während des Semesters besuchten Veranstaltungen zu reduzieren, denn damit verringert sich auch der Zeitaufwand für die Wiederholung des Lernstoffs.

Anfertigung schriftlicher Hausarbeiten

Seminararbeiten und andere schriftliche Hausarbeiten müssen Sie, bedingt durch die jeweiligen Abgabetermine, in der Regel ohnehin während der Semesterferien anfertigen. Das ist auch gut so, denn andernfalls müssten Sie diese Arbeiten während der Vorlesungszeit schreiben, also parallel zum Besuch von Veranstaltungen. Problematisch ist jedoch, dass die zugehörigen Seminare oft nur unregelmäßig stattfinden und zudem recht kurzfristig angekündigt werden.

Dennoch empfiehlt es sich, bei der Planung der Semesterferien die für die Anfertigung von schriftlichen Hausarbeiten voraussichtlich benötigten Zeiten fest einzukalkulieren. Im Allgemeinen sind das zwei bis vier Wochen. Findet später beispielsweise das geplante Seminar nicht statt oder kommen Sie bei der Anmeldung nicht mehr zum Zug, entscheiden Sie sich eben kurzfristig für ein anderes Seminar oder nutzen die gewonnene Zeit anderweitig zugunsten Ihres Studiums.

Teilnahme an Ferienkursen

Schließlich bieten die Semesterferien auch eine gute Gelegenheit, an mehrwöchigen Ferienkursen teilzunehmen. Dazu gehören beispielsweise Sprachkurse, EDV-Kurse und Lehrgänge im Maschineschreiben. Oft werden solche Kurse sogar kostenlos von der Universität angeboten. Informationen dazu finden Sie normalerweise an den schwarzen Brettern der zuständigen Fachbereiche und auf der Webseite Ihrer Universität.

✔ Was ist in den Semesterferien zu tun?

☐ Machen Sie mehrwöchige Urlaubsreisen möglichst nur im Anschluss an eine oder mehrere bestandene Prüfungen.

☐ Planen Sie die Ausübung von Praktika und Ferienjobs in den Semesterferien ein.

☐ Wiederholen Sie während der Semesterferien sämtliche Veranstaltungen des vorangegangenen Semesters anhand Ihrer Mitschriften.

☐ Verbringen Sie auch in den Zeiten, in denen Sie Ferienjobs nachgehen, jede Woche einige Stunden mit Lernen.

☐ Berücksichtigen Sie Zeiten für die Anfertigung von schriftlichen Hausarbeiten.

☐ Nutzen Sie die Möglichkeiten zur Teilnahme an kostenlosen Ferienkursen.

2.5 Studienunterbrechungen

Natürlich können Sie Ihr Studium ohne jede Unterbrechung durchziehen. Es kann aber auch durchaus sinnvoll sein, das Studium ein- oder zweimal zu unterbrechen, um neue Erfahrungen zu sammeln. Denkbare Ursachen für solche Einschnitte können sein:

- Auslandssemester und -praktika
- Mehrmonatige Urlaubsreisen
- Wechsel der Universität

Auslandssemester und -praktika

Hochschulabsolventen mit Auslandserfahrung sind bei Arbeitgebern sehr begehrt. Aber auch aus anderen Gründen, beispielsweise zur Erweiterung des persönlichen Horizonts oder zur Verbesserung der Sprachkenntnisse, kann ein vorübergehender Auslandsaufenthalt nützlich sein. Umfassende Informationen über Auslandsstudien und -praktika erhalten Sie beim Akademischen Auslandsamt (AA) Ihrer Universität. Eine weitere wichtige Anlaufstelle ist der Deutsche Akademische Auslandsdienst (DAAD). Der DAAD hat sich zum Ziel gesetzt, den internationalen akademischen Austausch zu fördern, und übernimmt zu diesem Zweck teilweise sogar die Finanzierung von Auslandsaufenthalten in Form von Stipendien. Gelegentlich bietet sich aber auch die Möglichkeit, an einem von der Universität initiierten Austauschprogramm teilzunehmen.

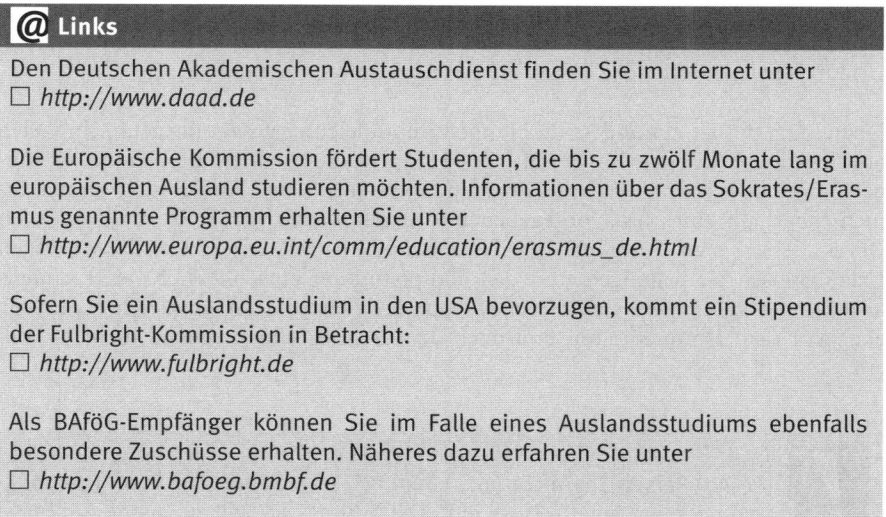

@ Links

Den Deutschen Akademischen Austauschdienst finden Sie im Internet unter
☐ *http://www.daad.de*

Die Europäische Kommission fördert Studenten, die bis zu zwölf Monate lang im europäischen Ausland studieren möchten. Informationen über das Sokrates/Erasmus genannte Programm erhalten Sie unter
☐ *http://www.europa.eu.int/comm/education/erasmus_de.html*

Sofern Sie ein Auslandsstudium in den USA bevorzugen, kommt ein Stipendium der Fulbright-Kommission in Betracht:
☐ *http://www.fulbright.de*

Als BAföG-Empfänger können Sie im Falle eines Auslandsstudiums ebenfalls besondere Zuschüsse erhalten. Näheres dazu erfahren Sie unter
☐ *http://www.bafoeg.bmbf.de*

Haben Sie tatsächlich vor, ein oder zwei Semester im Ausland zu studieren, so berücksichtigen Sie das möglichst frühzeitig in Ihrer Planung für das Studium. Für einen Auslandsaufenthalt empfiehlt sich vor allem die Zeit zwischen Grund- und Hauptstudium. Alternativ ist auch ein Aufbaustudium im Ausland nach bestandenem Examen möglich. Ein längerer Auslandsaufenthalt in der Mitte des Hauptstudiums ist dagegen ungünstig, weil Sie die Synchronisation mit den Vorlesungszyklen verlieren. (vgl. dazu Kapitel 2.3, Vorlesungszyklen). Außerdem ist kaum zu vermeiden, dass ein Teil des vor der Unterbrechung angeeigneten Lernstoffs in Vergessenheit gerät und danach neu erarbeitet werden muss.

Mehrmonatige Urlaubsreisen

Viele Studenten sind der Meinung, dass das Studium mit seinen langen Semesterferien eine später nicht wiederkehrende Gelegenheit bietet, ausgedehnte und abenteuerliche Reisen zu unternehmen. Da ist durchaus etwas dran. Sofern Sie diese Gelegenheit nutzen wollen, sollten Sie aber unbedingt auf die zeitliche Abstimmung mit Ihrem Studium achten. Es ist generell sehr ungünstig, die Zeit zwischen einer Vorlesung und der zugehörigen Prüfung durch eine mehrmonatige Urlaubsreise zu unterbrechen, weil man dann nach dem Urlaub mit dem Lernen noch einmal ganz von vorn anfangen muss. So etwas lässt sich aber nur in Ausnahmefällen gänzlich vermeiden. Versuchen Sie wenigstens, vor einer längeren Urlaubsreise einige wichtige Prüfungen zu absolvieren und dadurch den über den Urlaub hinwegzurettenden Lernstoff auf ein Minimum zu reduzieren.

Doch auch das ist zumindest im Hauptstudium leichter gesagt als getan. In vielen Studiengängen können im Verlauf des Hauptstudiums überhaupt keine Prüfungen abgelegt werden, weil die Prüfungen erst nach der Anmeldung zum Examen innerhalb eines fest vorgegebenen Zeitraums stattfinden. In solchen Fällen ist es besser, sich während des Hauptstudiums mit zwei- bis dreiwöchigen Urlaubsreisen zu begnügen und das Hauptstudium einschließlich des Examens ansonsten ohne längere Unterbrechung durchzuziehen. Zum Ausgleich planen Sie eben vor dem Hauptstudium und nach dem Examen entsprechend mehr Urlaub ein.

Tipp: Reichen die Semesterferien zwischen Grund- und Hauptstudium für Ihre Reisepläne nicht aus, können Sie die Ferien durch ein Urlaubssemester verlängern. Dass ein Urlaubssemester voll zu Lasten der Studiendauer geht, ist allerdings unvermeidbar. Argumente, man könne während des langen Urlaubs Kräfte sammeln und anschließend das Studium umso zügiger zum Abschluss bringen, sind ganz offensichtlich vorgeschoben. Denn so anstrengend, dass man sich ganze sechs Monate lang erholen muss, ist ein Studium allenfalls dann, wenn man nebenbei auch noch arbeitet. In diesem Fall ist es aber gewiss sinnvoller, die teure Urlaubsreise einzusparen und dafür mit der Arbeit etwas kürzer zu treten.

Wechsel der Universität

Auch bei einem Wechsel der Universität in der Mitte des Hauptstudiums verlieren Sie unter Umständen ein ganzes Semester, weil die Anforderungen häufig sehr unterschiedlich sind und Sie sich auf neue Prüfer und deren Schwerpunkte einstellen müssen. Ihre bisherige Fächerkombination werden Sie an der neuen Universität nur in Ausnahmefällen beibehalten können. Ein Wechsel während oder unmittelbar nach Abschluss des Grundstudiums ist dagegen weniger problematisch, denn der im Grundstudium vermittelte Lernstoff ist an allen deutschen Universitäten bezogen auf den jeweiligen Studiengang sehr ähnlich. Außerdem beginnt mit dem Hauptstudium ohnehin ein vollkommen neuer Abschnitt in Ihrem Studium.

✔ Wann kann das Studium unterbrochen werden?

☐ Planen Sie Auslandssemester und mehrmonatige Urlaubsreisen allenfalls unmittelbar nach dem Grundstudium oder dem Examen ein.

☐ Ziehen Sie einen Wechsel der Universität nur zwischen Grund- und Hauptstudium in Betracht.

2.6 Promotion

Die Promotion, also der Erwerb eines Doktortitels, eignet sich sowohl zur Ergänzung des Studiums als auch zur Vorbereitung einer wissenschaftlichen Laufbahn. Für diejenigen, die ihr Leben ganz der Forschung widmen möchten, ist die Promotion als Nachweis der Befähigung zu eigenständiger wissenschaftlicher Arbeit eine Selbstverständlichkeit. Sie werden später entweder an der Universität bleiben und möglicherweise sogar habilitieren oder an einem öffentlichen oder privaten Forschungsinstitut tätig werden. Auch für angehende Unternehmer, insbesondere für Freiberufler, ist der Erwerb des Doktortitels sehr zu empfehlen.

In der Privatwirtschaft und im öffentlichen Dienst außerhalb der Forschung wird der Promotion unterschiedlich hohe Bedeutung beigemessen. Während Absolventen bestimmter Studiengänge, insbesondere der Naturwissenschaften und der Medizin, ohne den Doktortitel erheblich schlechtere Berufschancen haben, spielt die Promotion in anderen Studiengängen nur eine Nebenrolle. Beispielsweise betonen die Personalchefs von Großunternehmen immer wieder, dass Sie den Doktortitel bei der Einstellung von Volks- und Betriebswirten zwar gern mitnehmen,

Bewerber aber nicht allein aufgrund ihres Titels bevorzugen. Ob das wirklich stimmt, ist eine andere Frage. Zumindest ist unumstritten, dass der Doktortitel im Verlauf der beruflichen Karriere nützlich sein kann. Und schließlich ist es dem eigenen Selbstbewusstsein nicht gerade abträglich, auch von Vorgesetzten stets mit „Frau Dr. ..." bzw. „Herr Dr. ..." angeredet zu werden.

Wichtigste Voraussetzung für eine erfolgreiche Promotion ist die Anfertigung einer eigenständigen wissenschaftlichen Arbeit, der Dissertation. An eine Dissertation werden naturgemäß deutlich höhere fachliche und formale Anforderungen als an eine Diplom-, Magister- oder Staatsexamensarbeit gestellt. Schließlich wird jede Dissertation unter Angabe des Namens der zuständigen Professoren veröffentlicht. Im Grunde genommen gelten für die Anfertigung der Dissertation aber die gleichen Empfehlungen wie für alle anderen schriftlichen Arbeiten, die Sie während Ihres Studiums anfertigen müssen (siehe Kapitel 7).

Generell sollten Sie eine Promotion nur dann ins Auge fassen, wenn Sie nach dem Abschluss Ihres Studiums noch verhältnismäßig jung sind. Mit 27 oder 28 Jahren eine Doktorarbeit anzufangen, kann sich als nachteilig erweisen, weil Sie dann voraussichtlich erst mit über 30 Jahren die Universität verlassen werden. Viele Arbeitgeber betrachten heutzutage bereits ein Alter von 30 Jahren als Obergrenze für Neueinstellungen. Gelingt es Ihnen dagegen, Ihr Studium im Alter von 24 oder 25 Jahren abzuschließen, ist eine Promotion möglicherweise genau das Richtige für Sie. Bewerben Sie sich dann zwei bis drei Jahre später um eine Stelle bei einem Wirtschaftsunternehmen, haben Sie gegenüber durchschnittlichen Hochschulabsolventen ohne Doktortitel zumindest keine altersbedingten Nachteile.

✔ **Was spricht für bzw. gegen die Promotion?**

☐ Wollen Sie sich nach Abschluss Ihres Studiums der Forschung widmen, ist die Promotion unerlässlich.

☐ Für freiberuflich tätige Akademiker ist der Doktortitel ein Aushängeschild, dessen Wert nicht unterschätzt werden sollte.

☐ Ob der Doktortitel die Berufschancen in anderen Bereichen beeinflusst, hängt vom jeweiligen Fachgebiet ab.

☐ Die Promotion sollten Sie vor allem dann ins Auge fassen, wenn Sie nach dem Abschluss Ihres Studiums noch verhältnismäßig jung sind.

2.7 Ein Fallbeispiel

Im Folgenden wird die Planung des Studiums anhand eines konkreten Fallbeispiels erläutert. Die angenommenen Prüfungsmodalitäten, Veranstaltungen und Stundenpläne entsprechen weitestgehend den tatsächlichen Gegebenheiten an einer deutschen Universität und wurden lediglich zum Zweck der Anschaulichkeit geringfügig modifiziert.

Vorbemerkungen

Claudia ist frisch gebackene Studentin der Volkswirtschaftslehre. Vor Beginn der ersten Vorlesung hat sie an einer von der Fachschaftsvertretung organisierten Einführungswoche teilgenommen und dabei unter anderem erfahren, dass die durchschnittliche Studiendauer in dem von ihr gewählten Studiengang bei zwölf Semestern liegt. Sie ist ziemlich überrascht, denn sie hatte fest damit gerechnet, höchstens fünf Jahre an der Universität verbringen zu müssen. Die Betreuer der Einführungswoche gestehen allerdings ein, einige Kommilitonen gekannt zu haben, die sich bereits nach acht Semestern zum Examen angemeldet und schließlich sogar mit recht guten Noten bestanden hätten. Für einen durchschnittlich begabten Studenten sei eine derart kurze Studiendauer jedoch vollkommen illusorisch.

Claudia zählt sich zwar nicht zu den Hochbegabten, aber sie hat schon immer ihren eigenen Kopf gehabt und mit Entschlossenheit und Selbstvertrauen manches Problem gemeistert. Sie gibt deshalb ihre ursprünglichen Absichten nicht sofort auf. Immerhin ist Sie dank der finanziellen Unterstützung durch ihre Eltern nicht auf Ferienjobs und Nebenbeschäftigungen angewiesen und wird sich somit voll auf ihr Studium konzentrieren können. Da die Anmeldung zum Examen laut Prüfungsordnung frühestens nach acht Semestern erfolgen kann und sich die Examensprüfungen über weitere ein bis zwei Semester verteilen, setzt sie sich für die gesamte Studiendauer eine Zielvorgabe von zehn Semestern. Auf dieser Grundlage plant sie ihr Studium.

Grundstudium

Das Grundstudium absolvieren die meisten Kommilitonen in vier Semestern. Einige schaffen es aber auch in den laut Musterstundenplan vorgesehenen drei Semestern. Insgesamt acht Klausuren, die jeweils am Semesterende stattfinden, müssen im Verlauf des Grundstudiums geschrieben werden. Wer alle acht Klausuren bestanden hat, erhält gegen Vorlage der entsprechenden Bescheinigungen das Zwischenprüfungszeugnis und hat damit das Grundstudium erfolgreich hinter sich gebracht.

Nachdem sich Claudia die vom Prüfungsamt herausgegebene Empfehlung für ein dreisemestriges Grundstudium (siehe Abb. 6) besorgt hat, stellt sie zu ihrer Erleichterung fest, dass sie insgesamt nur 56 Semesterwochenstunden an prüfungsrelevanten Vorlesungen und Übungen besuchen muss. Das sind im Mittel nicht einmal 20 Wochenstunden pro Semester. Nach dem ersten Semester könnte sie die Klausuren in Buchführung, Kostenrechnung und Investitionsrechnung schreiben, nach dem zweiten Semester die Klausuren in Mathematik und Betriebswirtschaftslehre und schließlich nach dem dritten Semester die Klausuren in den Fächern Bürgerliches Recht, Volkswirtschaftslehre und Statistik.

Prüfungsfach	1. Semester	2. Semester	3. Semester
Buchführung	Vorlesung (3)		
Kosten- und Leistungsrechung	Vorlesung (2)		
Investitionsrechnung	Vorlesung (2)		
Mathematik	Vorlesung (2) Übung (2)	Vorlesung (2) Übung (2)	
Bürgerliches Recht			Vorlesung (4) Übung (2)
Volkswirtschaftslehre	Vorlesung (4)	Vorlesung (4) Übung (2)	Vorlesung (3) Übung (2)
Betriebswirtschaftslehre	Vorlesung (2) Übung (2)	Vorlesung (2) Übung (2)	
Statistik		Vorlesung (4) Übung (2)	Vorlesung (4) Übung (2)
Summe Semesterwochenstunden	**19**	**20**	**17**

Zahlen in Klammern geben die Semesterwochenstunden der jeweiligen Veranstaltungen an.

Abb. 6: Empfehlung des Prüfungsamts für das Grundstudium

Erstes Semester
Claudia meint, dass sie mit nur 19 Wochenstunden im ersten Semester kaum ausgelastet sein wird und beschließt deshalb, mindestens eine Veranstaltung, die eigentlich für das zweite oder dritte Semester vorgesehen ist, vorzuziehen. Dadurch ist der Arbeitsaufwand später entsprechend geringer. Sie kann sich also im dritten Semester zu Orientierungszwecken bereits einige Vorlesungen des

Hauptstudiums anhören. Außerdem hätte sie in dem Fall, dass sie im ersten oder zweiten Semester eine Klausur nicht besteht, im dritten Semester genügend Zeit, um sich zusätzlich auf die dann notwendige Wiederholungsklausur vorzubereiten.

Da alle Fächer, deren Veranstaltungen sich über mehr als ein Semester erstrecken, in einem zweisemestrigen Zyklus stattfinden, werden die für das zweite Semester empfohlenen Vorlesungen und Übungen im ersten Semester gar nicht angeboten. Für eine Vorverlegung in das erste Semester kommen folglich nur die Veranstaltungen des dritten Semesters in Betracht.

Die Vorlesungen und Übungen im Bürgerlichen Recht vorzuziehen, würde bedeuten, dass Claudia am Ende des ersten Semesters insgesamt vier Klausuren zu schreiben hätte. Das erscheint ihr als zu riskant. Statistik kann ebenfalls nicht vorgezogen werden, weil die Veranstaltungen im dritten Semester auf denen im zweiten Semester aufbauen. Sie hätte vermutlich erhebliche Verständnisschwierigkeiten, wollte sie den zweiten Teil im ersten Semester und den ersten Teil im zweiten Semester hören.

Damit bleibt nur noch das Fach Volkswirtschaftslehre übrig. Von älteren Kommilitonen erfährt sie, dass die sich über drei Semester erstreckenden Veranstaltungen weitgehend unabhängig voneinander sind. Sie nimmt sich deshalb vor, an der für das dritte Semester empfohlenen dreistündigen Vorlesung und der zweistündigen Übung schon im ersten Semester teilzunehmen. Ihr Stundenplan für das erste Semester hat nach dieser Änderung 24 Wochenstunden.

Zweites Semester
Am Ende des zweiten Semesters sind nun allerdings drei statt nur zwei Klausuren zu schreiben. Trotz der Tatsache, dass der prüfungsrelevante Lernstoff dieser drei Klausuren wesentlich umfangreicher als derjenige der drei Klausuren des ersten Semesters ist, sieht Claudia darin kein unlösbares Problem. Schließlich hat sie im zweiten Semester nur noch 20 Wochenstunden und damit etwas mehr Zeit als im ersten Semester, sich auf die Klausuren vorzubereiten.

Der größte Teil des Grundstudiums wäre diesem Plan zufolge nach zwei Semestern geschafft. Da Claudia in den anschließenden Semesterferien nur den Lernstoff der Statistikvorlesung wiederholen muss, kann sie sich endlich einen längeren Urlaub gönnen und sogar noch an einem Sprachkurs zur Auffrischung ihrer Englischkenntnisse sowie einem Lehrgang in Maschineschreiben teilnehmen. Alle anderen Fächer, in denen sie bislang Vorlesungen gehört hat, sind durch die Teilnahme an den entsprechenden Klausuren erledigt.

Drittes Semester

Im dritten Semester braucht Claudia nur noch die Veranstaltungen in den Fächern Bürgerliches Recht und Statistik zu besuchen. Das sind zusammen zwölf Wochenstunden. Um ihren Stundenplan aufzufüllen, will sie zusätzlich einige Vorlesungen des Hauptstudiums hören.

Diese Vorlesungen im Einzelnen zu planen, erweist sich allerdings als schwierig, weil zu erwarten ist, dass sich zeitliche Überschneidungen mit Grundstudiumsveranstaltungen ergeben. Die Veranstaltungen des Grundstudiums und des Hauptstudiums sind zwar jeweils für sich recht gut aufeinander abgestimmt. Für jemanden, der vorhat, in einem Semester gleichzeitig an Veranstaltungen des Grund- und Hauptstudiums teilzunehmen, lassen sich Terminschwierigkeiten jedoch kaum vermeiden.

Außerdem hat sich Claudia bisher noch nicht für eine bestimmte Fächerkombination entschieden. Sie verschiebt deshalb sowohl die Detailplanung des dritten Semesters

1. Semester	2. Semester	3. Semester
Vorlesungen (18):	**Vorlesungen (12):**	**Vorlesungen (8):**
Buchführung (3) Kosten- und Leistungsrechnung (2) Investitionsrechnung (2) Mathematik (2) Volkswirtschaftslehre (7) Betriebswirtschaftslehre (2)	Mathematik (2) Volkswirtschaftslehre (4) Betriebswirtschaftslehre (2) Statistik (4)	Bürgerliches Recht (4) Statistik (4) ...
Übungen (6):	**Übungen (8):**	**Übungen (4):**
Mathematik (2) Volkswirtschaftslehre (2) Betriebswirtschaftslehre (2)	Mathematik (2) Volkswirtschaftslehre (2) Betriebswirtschaftslehre (2) Statistik (2)	Bürgerliches Recht (2) Statistik (2) ...
Klausuren:	**Klausuren:**	**Klausuren:**
Buchführung Kosten- und Leistungsrechnung Investitionsrechnung	Mathematik Volkswirtschaftslehre Betriebswirtschaftslehre	Bürgerliches Recht Statistik
Semesterferien:	**Semesterferien:**	**Semesterferien:**
2 Wochen Urlaub 6 Wochen Lernen	4 Wochen Urlaub 3 Wochen Englischkurs 3 Wochen Maschineschreiben 2 Wochen Lernen	2 Wochen Urlaub ...

Zahlen in Klammern geben die Semesterwochenstunden der jeweiligen Veranstaltungen an.

Abb. 7: Individueller Plan des Grundstudiums

als auch die Planung des gesamten Hauptstudiums auf den Beginn des dritten Semesters. Erst wenn die Vorlesungsankündigungen vorliegen, kann sie unter Berücksichtigung der zeitlichen Überschneidungen und der Vorlesungszyklen des Hauptstudiums den konkreten Stundenplan für das dritte Semester zusammenstellen.

Claudias Plan für die ersten beiden Semester und den das Grundstudium betreffenden Teil des dritten Semesters ist in Abb. 7 zusammengefasst.

Hauptstudium

Das Hauptstudium besteht in Claudias Studiengang aus den folgenden fünf Prüfungsfächern:

- Volkswirtschaftstheorie
- Volkswirtschaftspolitik
- Finanzwissenschaft
- Betriebswirtschaftslehre
- Wahlfach

Jedes dieser Fächer wird von mindestens zwei Professoren vertreten. Jeder Professor bietet einen in der Regel viersemestrigen Vorlesungszyklus an, dessen Lernstoff Grundlage der Examensprüfungen ist. Bei der Anmeldung zum Examen muss Claudia in jedem der fünf Fächer einen Prüfer für die mündliche und einen für die schriftliche Prüfung benennen. Es empfiehlt sich natürlich, die Vorlesungszyklen dieser Professoren zu hören und an ihren Fortgeschrittenenübungen und Seminaren teilzunehmen.

Das ebenfalls bei der Anmeldung zum Examen anzugebende Wahlfach kann Claudia aus einem vorgegebenen Fächerkatalog auswählen. Sie entscheidet sich ihrer mathematischen Neigung entsprechend für das Wahlfach Statistik.

Vorlesungen

Die Vorlesungszyklen werden gelegentlich durch so genannte Forschungssemester unterbrochen, in denen ein Professor von der Lehre entbunden ist und sich ganz seinen Forschungen widmen kann. In einem Forschungssemester bietet der jeweilige Professor also keine Vorlesungen an. Sein Vorlesungszyklus verlängert sich dadurch um ein Semester, sofern er sich nicht bereit erklärt, in dem auf das Forschungssemester folgenden Semester gleichzeitig zwei Vorlesungen zu halten. Da die Forschungssemester aus dem vom Fachbereich bekannt gegebenen langfristigen Vorlesungsplan (siehe Abb. 8) ersichtlich sind, können sie bei der Planung des Hauptstudiums berücksichtigt werden.

Fach	Dozent/Prüfer	3. Semester	4. Semester	5. Semester	6. Semester	7. Semester	8. Semester	9. Semester
Volkswirtschaftstheorie	Prof. Altmeier	Theorie A2	–	Theorie A3	Theorie A4	Theorie A1	Theorie A2	Theorie A3
	Prof. Beck	Theorie B4	Theorie B1	–	Theorie B2	Theorie B3	Theorie B4	Theorie B1
Volkswirtschaftspolitik	Prof. Christ	Politik C3	Politik C4	Politik C1	Politik C2	Politik C3	Politik C4	–
	Prof. Dinges	Politik D1	Politik D2	Politik D3	–	Politik D4	Politik D5	Politik D1
	Prof. Escher	Politik E2	–	Politik E3	Politik E4	Politik E1	Politik E2	Politik E3
Finanzwissenschaft	Prof. Friedrichs	Finanz F4	–	Finanz F1	Finanz F2	Finanz F3	Finanz F4	–
	Prof. Franke	Finanz F2	Finanz F3	Finanz F4	–	Finanz F1	Finanz F2	Finanz F3
Betriebswirtschaftslehre	Prof. Göbel	BWL G1	BWL G2	BWL G3a	BWL G3b	BWL G4	–	BWL G1
	Prof. Hansen	BWL H2	BWL H3	BWL H4	–	–	–	–
	Prof. Imhoff	BWL I4	–	BWL I1	BWL I2	BWL I3	BWL I1	–
	Prof. Jakobi	–	BWL J1+J2	BWL J3	BWL J4	BWL J1	BWL J2	–
Statistik	Prof. Krause	–	Statistik K1	Statistik K2	Statistik K3	–	Statistik K1	Statistik K2
	Prof. Lehmann	Statistik L3	Statistik L4	–	Statistik L1	Statistik L2	Statistik L3	Statistik L4

Vorlesungen, die Claudia im Verlauf ihres Hauptstudiums tatsächlich besuchen möchte, sind schattiert dargestellt.

Abb. 8: Langfristiger Vorlesungsplan

Auf der Grundlage des langfristigen Vorlesungsplans stellt Claudia ihr Hauptstudium zusammen. Eine einfache Überschlagsrechnung ergibt, dass sie im Hauptstudium Vorlesungen im Umfang von etwa 120 Semesterwochenstunden hören muss:

	5	Prüfungsfächer
x	2	Prüfer
x	4	Semester (Vorlesungszyklus)
x	3	Wochenstunden (Durchschnitt)
=	120	Semesterwochenstunden insgesamt

Auf nur fünf Semester verteilt, ist das eindeutig zu viel, denn zu dem durchschnittlichen wöchentlichen Arbeitspensum von 120/5 = 24 Vorlesungsstunden kommen ja noch Fortgeschrittenenübungen und Seminare hinzu.

Es stellt sich jedoch heraus, dass die beiden Professoren, die das Prüfungsfach Finanzwissenschaft vertreten, exakt die gleichen Vorlesungen halten und nur geringfügig unterschiedliche Schwerpunkte setzen. Claudia kann sich folglich den gesamten Vorlesungszyklus eines der beiden Professoren sparen, womit sich die Gesamtzahl der Semesterwochenstunden um zwölf auf nur noch 108 reduziert. Zieht sie davon noch die Vorlesungen ab, die sie bereits im dritten Semester, also vor dem eigentlichen Beginn des Hauptstudiums, hören will, sinkt das durchschnittliche Arbeitspensum letztlich auf unter 20 Wochenstunden, zuzüglich Fortgeschrittenenübungen und Seminare. Sie plant deshalb für das Hauptstudium doch nur fünf Semester ein.

Im dritten Semester überschneiden sich erwartungsgemäß viele Hauptstudiumsvorlesungen mit Vorlesungen und Übungen des Grundstudiums. Lediglich vier Vorlesungen sind vollkommen überschneidungsfrei:

- Theorie A2   von Prof. Altmeier   (3 Wochenstunden)
- Politik C3   von Prof. Christ   (3 Wochenstunden)
- Politik D1   von Prof. Dinges   (4 Wochenstunden)
- BWL G1   von Prof. Göbel   (2 Wochenstunden)

Claudia beschließt, alle vier Vorlesungen zu hören. Zusammen mit den restlichen Grundstudiumsveranstaltungen kommt sie dann gerade auf 24 Wochenstunden. Da die Vorlesungen von Prof. Altmeier und Prof. Christ in beliebiger Reihenfolge gehört werden können, ist ein Einstieg in der Mitte der Vorlesungszyklen unproblematisch.

Mit der Auswahl der vier Vorlesungen stehen zugleich die beiden Prüfer im Fach Volkswirtschaftspolitik und einer der Prüfer in Betriebswirtschaftslehre fest. In den Prüfungsfächern Volkswirtschaftstheorie, Finanzwissenschaft und Statistik gibt es ohnehin keine Wahlmöglichkeiten, weil nur jeweils zwei Professoren diese Fächer vertreten.

Im vierten Semester will Claudia die im dritten Semester begonnenen Vorlesungszyklen fortsetzen und zusätzlich in die Zyklen von Prof. Beck (Volkswirtschaftstheorie), Prof. Jakobi (Betriebswirtschaftslehre) und Prof. Krause (Statistik) einsteigen. Sie entscheidet sich für Prof. Jakobi als zweiten Prüfer im Fach Betriebswirtschaftslehre, weil Prof. Hansen nach Beendigung seines laufenden Vorlesungszyklus emeritieren wird und Prof. Imhoff als schlechter Dozent bekannt ist. Prof. Jakobi widmet sich in Claudias drittem Semester ausschließlich seinen Forschungen und liest deshalb im vierten Semester gleich zwei Vorlesungen (BWL J1 und BWL J2).

Mit dem finanzwissenschaftlichen Vorlesungszyklus von Professor Friedrichs beginnt Claudia im fünften Semester. Die Vorlesungen von Prof. Franke lässt sie aus den bereits genannten Gründen aus.

Da die von Prof. Lehmann angebotenen Vorlesungen zur Statistik durchgängig aufeinander aufbauen, kann Claudia mit dem entsprechenden Zyklus erst im sechsten Semester beginnen. Die letzte Vorlesung dieses Zyklus findet dann aber erst in ihrem neunten Semester statt. Um nicht wegen einer einzigen Vorlesung ein zusätzliches Semester anhängen zu müssen, nimmt sie sich vor, auf die Vorlesung Statistik L4 zu verzichten und statt dessen unmittelbar im Anschluss an das achte Semester eine fremde Mitschrift vom vorhergehenden Zyklus durchzuarbeiten.

Die meisten Vorlesungszyklen kann Claudia ihrem Plan zufolge noch vor dem achten Semester abschließen. Die Zyklen von Prof. Jakobi und Prof. Krause enden aufgrund der im vierten Semester gehaltenen Doppelvorlesung bzw. des nur dreisemestrigen Zyklus sogar schon im sechsten Semester. Dank des frühzeitigen Beginns im dritten Semester gilt das auch für den Zyklus von Prof. Christ. Im achten Semester muss Claudia schließlich nur noch vier Vorlesungen mit zusammen 13 Wochenstunden hören. Sie gewinnt dadurch Zeit für die Examensvorbereitung. Abb. 9 zeigt den vollständigen Plan des Hauptstudiums.

3. Semester	4. Semester	5. Semester	6. Semester	7. Semester	8. Semester	9. Semester
Vorlesungen (12):	**Vorlesungen (18):**	**Vorlesungen (18):**	**Vorlesungen (21):**	**Vorlesungen (19):**	**Vorlesungen (13):**	
Theorie A2 (3)	Theorie B1 (4)	Theorie A3 (3)	Theorie A4 (3)	Theorie A1 (3)	Theorie B4 (4)	
Politik C3 (3)	Politik C4 (3)	Politik C1 (3)	Theorie B2 (4)	Theorie B3 (4)	Politik D5 (3)	
Politik D1 (4)	Politik D2 (3)	Politik D3 (3)	Politik C2 (3)	Politik D4 (4)	Finanz F4 (4)	
BWL G1 (2)	BWL G2 (2)	Finanz F1 (4)	Finanz F2 (4)	Finanz F3 (4)	Statistik L3 (2)	
	BWL J1+J2 (4)	BWL G3a (1)	BWL G3b (1)	BWL G4 (2)		
	Statistik K1 (2)	BWL J3 (2)	BWL J4 (2)	Statistik L2 (2)		
		Statistik K2 (2)	Statistik K3 (2)			
			Statistik L1 (2)			
Übungen:	**Übungen (2):**	**Übungen (2):**	**Übungen:**	**Übungen (2):**	**Übungen:**	**Examen**
keine	Volkswirtschaftstheorie	Betriebswirtschaftslehre	keine	Statistik	(falls erforderlich)	
Seminare:	**Seminare:**	**Seminare (2):**	**Seminare (2):**	**Seminare:**	**Seminare:**	
keine	keine	Volkswirtschaftspolitik	Finanzwissenschaft	(falls erforderlich)	(falls erforderlich)	
Semesterferien:	**Semesterferien:**	**Semesterferien:**	**Semesterferien:**	**Semesterferien:**	**Semesterferien:**	
2 Wochen Urlaub	4 Wochen Urlaub	5 Wochen Lernen	4 Wochen Urlaub	2 Wochen Urlaub	2 Wochen Urlaub	
3 Wochen Lernen	5 Wochen Lernen	3 Wochen Seminararbeit	8 Wochen Lernen	6 Wochen Lernen	2 Wochen Lernen	
3 Wochen EDV-Kurs	3 Wochen Seminararbeit				8 Wochen Diplomarbeit	

Zahlen in Klammern geben die Semesterwochenstunden der jeweiligen Veranstaltungen an.

Abb. 9: Individueller Plan des Hauptstudiums

Fortgeschrittenenübungen und Seminare
Neben den Vorlesungen finden in unregelmäßigen Abständen Fortgeschrittenenübungen und Seminare statt. In jedem der fünf Prüfungsfächer ist bei der Anmeldung zum Examen mindestens ein Übungs- oder Seminarschein vorzulegen. Einen Übungsschein erhalten diejenigen, die an einer Fortgeschrittenenübung regelmäßig aktiv teilgenommen und zusätzlich die Abschlussklausur am Ende des Semesters bestanden haben. Voraussetzung für die Teilnahme an einem Seminar ist die Anfertigung einer schriftlichen Arbeit zu einem vereinbarten Thema. Auf der Grundlage dieser Arbeit ist im Verlauf des Seminars ein Referat zu halten. Wer sich an den Diskussionen im Seminar beteiligt und ein akzeptables Referat hält, bekommt schließlich den begehrten Seminarschein.

Da vorab meist nicht bekannt ist, in welchen Semestern und zu welchen speziellen Themen Fortgeschrittenenübungen und Seminare angeboten werden, lassen sich diese Veranstaltungen nicht fest einplanen. Erschwerend kommt hinzu, dass die Teilnehmerzahl in der Regel begrenzt ist und man nie sicher sein kann, einen Platz zu ergattern. Mitunter entscheidet sogar das Los, wer an einer Fortgeschrittenen-übung bzw. einem Seminar teilnehmen darf.

Dennoch verteilt Claudia provisorisch drei Fortgeschrittenenübungen und zwei Seminare auf die einzelnen Semester des Hauptstudiums (siehe Abb. 9). Bereits im vierten Semester will sie an einer Fortgeschrittenenübung zur Volkswirtschafts-theorie teilnehmen, die sich entweder auf die Vorlesung Theorie A2 des dritten Semesters beziehen könnte oder die Vorlesung Theorie B1 begleitet. Für das folgende, fünfte Semester plant sie eine betriebswirtschaftliche Fortgeschrittenen-übung und ein Seminar zur Volkswirtschaftspolitik. In beiden Fächern hat sie bis dahin bereits einige Vorlesungen gehört. Unter Berücksichtigung des mit 21 Vorlesungsstunden recht hohen Arbeitspensums möchte sie im sechsten Semester lediglich ein finanzwissenschaftliches Seminar, nach Möglichkeit ein Blockseminar, besuchen. Den dann noch fehlenden Schein im Fach Statistik könnte sie schließlich im siebten Semester durch die Teilnahme an einer Fortgeschrittenenübung erwerben.

> **Tipp:** Im Gegensatz zu Seminaren, die genau wie Vorlesungen und Übungen wöchentlich an einem festen Termin stattfinden, sind Blockseminare zeitlich zusammenhängende Veranstaltungen. Ein Blockseminar zieht sich meist über mehrere aufeinander folgende Tage hin und dauert pro Tag sechs bis acht Stunden (einschließlich Pausen).
>
> Ist Ihr Stundenplan bereits recht gut gefüllt, können Sie also statt eines gewöhnlichen Seminars die Teilnahme an einem Blockseminar gegen Ende der Semesterferien in Erwägung ziehen.

Für den Fall, dass sich nicht alle geplanten Fortgeschrittenenübungen und Seminare realisieren lassen oder sie eine Klausur nicht besteht, sieht Claudia im siebten Semester eine Ausweichmöglichkeit für ein zusätzliches Seminar und im achten Semester für eine Fortgeschrittenenübung und ein Seminar vor. Mehr als eine Fortgeschrittenenübung pro Semester hält sie nicht für zweckmäßig, weil sie sich dann gleichzeitig auf mehrere Abschlussklausuren vorbereiten müsste. Die Teilnahme an zwei oder mehr Seminaren in einem Semester kommt wegen der aufwändigen Seminararbeiten ebenfalls nicht in Betracht. Hier bestünde die Gefahr, dass sich die ohnehin schon knapp bemessenen Bearbeitungszeiten überlappen oder im ungünstigsten Fall sogar vollständig decken.

Semesterferien
In den Semesterferien, die selbstverständlich ebenfalls in die Planung des Hauptstudiums einbezogen werden, will Claudia den Lernstoff der Vorlesungen des jeweils vorhergehenden Semesters wiederholen, indem sie ihre Mitschriften noch einmal im Zusammenhang durcharbeitet. Den dafür erforderlichen Zeitaufwand veranschlagt sie mit knapp einer Woche pro Vorlesung. Nach ihren im Grundstudium gewonnenen Erfahrungen reicht diese Zeit normalerweise aus.

Vor dem fünften und dem sechsten Semester plant Claudia zusätzlich je drei Wochen für die Anfertigung der beiden Seminararbeiten und nach dem achten Semester acht Wochen für die Diplomarbeit ein. Die Diplomarbeit ist gemäß der geltenden Prüfungsordnung vor dem Examen innerhalb einer Bearbeitungszeit von acht Wochen anzufertigen. Da die Einhaltung der Bearbeitungszeit vom Prüfungsamt streng überwacht wird, sind diese acht Wochen durchaus realistisch. Auf das Fachgebiet ihrer Diplomarbeit möchte sie sich aber vorerst noch nicht festlegen.

Damit bleibt in den meisten Fällen immer noch genügend Zeit für einen zwei- bis vierwöchigen Urlaub. Lediglich in den auf das fünfte und auf das achte Semester folgenden Ferien wird die Zeit knapp. Claudia verzichtet deshalb im ersten Fall auf den Urlaub und im zweiten Fall teilweise aufs Lernen. Die Wiederholung des Lernstoffs der Vorlesungen des achten Semesters hält sie ohnehin für verzichtbar, weil sie im nächsten Semester ins Examen gehen wird und der Lernstoff der letzten Vorlesungen so lange frisch bleiben dürfte. Sie plant deshalb nach dem achten Semester lediglich zwei Wochen für die Erarbeitung des Lernstoffs der ausgelassenen Vorlesung Statistik L4 ein.

In den auf das dritte Semester folgenden Semesterferien sind dagegen noch drei Wochen frei. Diese Zeit will Claudia nutzen, um an einem der zahlreichen EDV-Kurse teilzunehmen.

Examen
Wenn alles glatt geht, kann Claudia bereits im neunten Semester ihr Examen absolvieren. Die Prüfungen finden wahlweise entweder in zwei Blöcken innerhalb eines Semesters oder in vier Blöcken verteilt auf zwei Semester statt. Die endgültige Entscheidung für eines dieser beiden Prüfungsverfahren behält sie sich allerdings vor, denn der Arbeitsaufwand für die Prüfungsvorbereitungen ist zum Zeitpunkt der Planung des Hauptstudiums, also unmittelbar vor Beginn des dritten Semesters, noch nicht abschätzbar.

Damit die Zeit vor dem ersten Prüfungsblock nicht zu knapp wird, will Claudia schon im achten Semester parallel zu den wenigen verbliebenen Vorlesungen mit der Prüfungsvorbereitung beginnen. Zwischen den einzelnen Prüfungsblöcken bleibt relativ viel Zeit zur Prüfungsvorbereitung, weil sie keine Veranstaltungen mehr zu besuchen braucht.

Sofern Claudia ihr Examen besteht, hält sie spätestens gegen Ende des zehnten Semesters ihr Diplomzeugnis in den Händen. Unter der Annahme, dass sie ihr Studium im Alter von 19 Jahren unmittelbar nach dem Abitur aufgenommen hat, wird sie bei Beendigung des Studiums gerade 24 Jahre alt sein. Als relativ junge Hochschulabsolventin wird sie vergleichsweise gute Chancen auf dem Arbeitsmarkt haben.

Ferienjobs und Nebenbeschäftigungen

Einer der Gründe, warum Claudia für ihre Studiendauer mit nur neun bis zehn Semestern rechnen kann, ist zweifellos die Tatsache, dass sie sich während dieser Zeit voll auf Ihr Studium konzentrieren kann. Anders sähe es aus, wenn sie gezwungen wäre, ihren Lebensunterhalt zumindest teilweise durch Ferienjobs oder Nebenbeschäftigungen zu finanzieren.

Claudia verfolgt auch in diesem Fall das Ziel eines möglichst schnellen Studienabschlusses. Um möglichst wenig arbeiten zu müssen, verzichtet Sie während Ihres Studiums auf ein Auto und auf besonders aufwändige Urlaubsreisen. Anhand ihres vorab aufgestellten Haushaltsbudgets hat sie ausgerechnet, dass sie in den Semesterferien jeweils vier Wochen arbeiten muss, um finanziell über die Runden zu kommen. Damit stünde ihr aber dennoch nicht mehr genügend Zeit für die notwendige Wiederholung des Lernstoffs des jeweils vorangegangenen Semesters zur Verfügung. Wie müsste sie Ihren Plan modifizieren?

Die Gesamtdauer von Claudias Ferienjobs liegt in zehn Semestern bei 40 Wochen. Sie muss also damit rechnen, dass sich ihr Studium um ein bis zwei Semester verlängern wird, sofern sie keine Abstriche in ihrer Freizeit machen möchte.

Das Grundstudium kann Claudia trotz Ferienjobs weiterhin in drei Semestern schaffen, wenn sie sich an den Musterstundenplan hält und darauf verzichtet, im dritten Semester bereits Vorlesungen des Hauptstudiums zu hören. Wegen der geringeren Anzahl an Veranstaltungen im ersten Semester reichen vier Wochen für die zusammenhängende Wiederholung in den nachfolgenden Semesterferien aus. Damit bleiben noch vier Wochen für einen Ferienjob. Um nicht ganz auf Urlaub verzichten zu müssen, könnte Claudia einen Teil der Wiederholung des Lernstoffs in die Vorlesungszeit vorziehen, zumal ein Stundenplan von nur 19 Wochenstunden dafür genügend Zeit lassen dürfte. Eine zusätzliche Urlaubswoche könnte sie gewinnen, indem Sie während ihres Ferienjobs zusätzlich etwa acht Stunden pro Woche lernt.

Auch im zweiten Semester hat Claudia während der Vorlesungszeit etwas mehr Luft, weil sie sich nur auf zwei statt auf drei Klausuren gegen Ende des Semesters vorbereiten muss. Sie könnte die zusätzliche Zeit nutzen, um nebenbei einen Englischkurs zu absolvieren. Den Kurs in Maschineschreiben verschiebt sie auf später. Dadurch steht jetzt in den Semesterferien genügend Zeit für Urlaub, Lernen und Ferienjob zur Verfügung. Zur Wiederholung des Lernstoffs der Veranstaltungen in Volkswirtschaftslehre und Statistik plant sie insgesamt vier Wochen ein.

Da Claudia im Anschluss an das dritte Semester drei Klausuren schreiben muss, sieht sie in der Vorlesungszeit trotz des nur 17 Wochenstunden umfassenden Stundenplans keine zusätzlichen Aktivitäten vor. Sofern sie anschließend wieder nur eine Woche Urlaub einplant, kann sie den Kurs in Maschineschreiben in den Semesterferien nachholen. Da kein Lernstoff ins Hauptstudium hinüberzuretten ist, wird keine Zeit für die Wiederholung benötigt.

Abb. 10 zeigt den Plan für das Grundstudium. Da die Vorlesungen und Übungen dem Musterstundenplan entnommen sind, sind sie in Abb. 10 nicht noch einmal aufgeführt.

1. Semester	2. Semester	3. Semester
Klausuren:	**Klausuren:**	**Klausuren:**
Buchführung Kosten- und Leistungsrechnung Investitionsrechnung	Mathematik Betriebswirtschaftslehre	Bürgerliches Recht Volkswirtschaftslehre Statistik
Semesterferien:	**Semesterferien:**	**Semesterferien:**
1 Woche Urlaub 3 Wochen Lernen 4 Wochen Ferienjob	4 Wochen Urlaub 4 Wochen Lernen 4 Wochen Ferienjob	1 Woche Urlaub 3 Wochen Maschineschreiben 4 Wochen Ferienjob

Abb. 10: Individueller Plan des Grundstudiums (mit Ferienjobs)

Muss Claudia auch während des Hauptstudiums mit Ferienjobs Geld verdienen, wird sich eine Verlängerung des Studiums um ein Semester kaum vermeiden lassen. Da in den Semesterferien nur noch wenig Zeit zum Lernen zur Verfügung steht, muss sie die zusammenhängende Wiederholung der Veranstaltungen teilweise in die Vorlesungszeit verlagern und dafür ihre Stundenpläne um jeweils ein oder zwei Veranstaltungen kürzen. Die Veranstaltungen des Hauptstudiums verteilen sich dadurch auf mehr Semester.

Etwas anders sieht es aus, wenn Claudia ihr Studium statt mit Ferienjobs mit einer ständigen Nebenbeschäftigung von etwa acht Stunden pro Woche finanziert. In diesem Fall sind weniger die Semesterferien als die Vorlesungszeiten betroffen. Stundenpläne von bis zu 36 Stunden einschließlich Nachbereitungszeiten lassen sich zusätzlich zu einer Nebenbeschäftigung im genannten Umfang nur schwer realisieren. Es empfiehlt sich daher eine Kürzung der Stundenpläne (einschließlich Nachbereitungszeiten) auf nur noch 30 bis 32 Wochenstunden, also um etwa die Hälfte der für die Nebenbeschäftigung aufzuwendenden Zeit. Damit verteilen sich die Veranstaltungen ebenfalls auf ein Semester mehr.

✔ Wie lassen sich Ferienjobs und Nebenbeschäftigungen mit einem schnellen Studium vereinbaren?

☐ Schränken Sie Ihre Konsumbedürfnisse auf ein vernünftiges Maß ein.

☐ Rechnen Sie anhand eines Haushaltsbudgets aus, wie viel Geld Sie jeden Monat oder jedes Semester hinzuverdienen müssen.

☐ Berücksichtigen Sie die für Ferienjobs aufzuwendende Zeit bei der Planung der Semesterferien.

☐ Reduzieren Sie Ihre Stundenpläne so weit, dass Sie weiterhin den Lernstoff aller Veranstaltungen in den Semesterferien wiederholen können.

☐ Beginnen Sie mit der zusammenhängenden Wiederholung von Veranstaltungen bereits in der Vorlesungszeit.

☐ Versuchen Sie, während der Ferienjobs zusätzlich jede Woche etwa acht Stunden zu lernen.

☐ Kürzen Sie Ihre Stundenpläne um etwa die Hälfte der Anzahl der Stunden, die Sie jede Woche für eine Nebenbeschäftigung aufwenden.

3 Wöchentliches Arbeitspensum

3.1 Erstellung eines Stundenplans

In der Vorlesungszeit bestimmt der Stundenplan Ihr wöchentliches Arbeitspensum. Anders als in der Schule, wo Ihnen zu Beginn jedes Halbjahrs ein fertiger Stundenplan vorgesetzt wurde, dürfen Sie Ihren Stundenplan an der Universität selbst gestalten. In aller Regel werden Sie den Stundenplan aufstellen, sobald die Termine der einzelnen Veranstaltungen feststehen, also unmittelbar nach dem Erscheinen des Vorlesungsverzeichnisses oder nach der Bekanntgabe der Termine durch Aushang oder auf der Webseite Ihres Fachbereichs. Da der Stundenplan Ihren Tagesablauf während eines gesamten Semesters maßgeblich bestimmt, sollten Sie sich für seine Aufstellung genügend Zeit nehmen und jede einzelne Veranstaltung sorgfältig planen.

Gestaltungsmöglichkeiten

Im Rahmen der Planung Ihres Studiums haben Sie bereits in groben Zügen festgelegt, welche Veranstaltungen Sie in den einzelnen Semestern belegen wollen. Dieser übergeordnete Plan bildet jedes Semester die Grundlage für die Aufstellung des Stundenplans. Es gilt, die Termine der vorgesehenen Veranstaltungen so über die Woche zu verteilen, dass sich keine zeitlichen Überschneidungen ergeben und die Arbeitsbelastung an keinem Wochentag übermäßig hoch ist.

Bei den Vorlesungen werden Sie generell nur wenig Wahlmöglichkeiten haben, da üblicherweise nicht mehrere Termine zur Auswahl stehen. Anders sieht es mit Anfängerübungen und Laborpraktika aus. Diese Veranstaltungen finden meist in mehreren kleinen Gruppen an unterschiedlichen Terminen statt und bieten damit einen begrenzten Spielraum bei der Gestaltung des Stundenplans. Sie können sich also Übungen und Praktika heraussuchen, die zeitlich am besten in Ihren Stundenplan passen.

> **Tipp:** Im Allgemeinen müssen Sie sich zu Übungen und Laborpraktika anmelden oder sich zumindest in eine Liste eintragen. Damit soll verhindert werden, dass die an vergleichsweise günstigen Terminen stattfindenden Veranstaltungen aus allen Nähten platzen, während gleichzeitig

Parallelveranstaltungen unterbelegt sind. Je früher Sie sich anmelden bzw. eintragen, desto größer ist Ihre Chance, einen Platz in der gewünschten Veranstaltung zu ergattern.

Die wenigen Gestaltungsmöglichkeiten, die sich bei der Aufstellung des Stundenplans bieten, sollten Sie im Sinne einer möglichst gleichmäßigen Verteilung der Veranstaltungen auf die einzelnen Wochentage nutzen. Haben Sie an jedem Tag in etwa gleich viele Veranstaltungen zu besuchen und beginnt im Idealfall die erste Veranstaltung immer zur gleichen Zeit, werden Sie sich relativ schnell an einen festen Arbeitsrhythmus gewöhnen.

Grenzen der Belastbarkeit

Wenig empfehlenswert ist, sich an einem Wochentag mehr als vier zweistündige Veranstaltungen zuzumuten. Ihre Konzentrationsfähigkeit lässt nach vier Doppelstunden zwangsläufig so sehr nach, dass Sie von weiteren Veranstaltungen ohnehin nur noch wenig mitbekommen. Bestehen hier keine Gestaltungsmöglichkeiten, verzichten Sie am besten auf eine der Veranstaltungen ganz. Möglicherweise können Sie sich in solchen Fällen mit Ihren Kommilitonen so absprechen, dass jeder einer anderen Vorlesung oder Übung fernbleibt und Sie später Ihre Mitschriften austauschen oder sich gegenseitig den in der jeweils entgangenen Veranstaltung behandelten Lernstoff erklären.

Insgesamt sollte Ihr Stundenplan ohne Nachbereitungszeiten nicht mehr als 30 Wochenstunden, das entspricht 15 Veranstaltungen zu je 90 Minuten, umfassen. Andernfalls bliebe nicht genügend Zeit, um alle Veranstaltungen regelmäßig nachzubereiten. In Vorlesungen oder Übungen herumzusitzen, in denen Sie mangels regelmäßiger Nachbereitung längst den Faden verloren haben und nur noch stur von der Tafel abschreiben, ist wenig sinnvoll. Es ist dann wesentlich vernünftiger, einige Veranstaltungen aus dem Stundenplan zu streichen und sich in der so gewonnenen Zeit umso gründlicher mit den verbliebenen Veranstaltungen zu beschäftigen. Meinen Sie, auf den dadurch entgangenen Lernstoff nicht verzichten zu können, arbeiten Sie einfach in den folgenden Semesterferien die Mitschriften Ihrer Kommilitonen durch.

Normalerweise dürften Sie mit einem etwa 24 Wochenstunden umfassenden Stundenplan bereits gut ausgelastet sein. Mit weniger als 20 Wochenstunden sollten Sie sich aber nur dann zufrieden geben, wenn Sie die überschüssige Zeit etwa zur Prüfungsvorbereitung oder zur zusammenhängenden Wiederholung von Veranstaltungen benötigen. Müssen Sie auch während der Vorlesungszeit einer regelmäßigen Nebenbeschäftigung nachgehen, sind diese Zeitangaben entsprechend zu kürzen. Als Faustregel kann gelten, dass Sie je fünf Stunden Nebenbeschäftigung pro Woche auf eine 90-minütige Veranstaltung verzichten müssen. Hierbei ist berücksichtigt, dass zusammen mit der Veranstaltung auch die zugehörige Nachbereitungszeit entfällt.

Tipp: Besonders im Hauptstudium können mehrstündige Leerzeiten zwischen den Veranstaltungen nicht immer vermieden werden. Diese Zeiten sind häufig länger, als zur Erholung erforderlich ist, und zu kurz, um zwischendurch Besorgungen zu erledigen oder nach Hause zu fahren.

Ideal wäre es, wenn Sie sich in einem leeren Hörsaal oder an einem anderen ruhigen Platz mit Kommilitonen zusammensetzen könnten, um gemeinsam den Lernstoff der letzten Vorlesungen durchzusprechen oder Übungsaufgaben zu lösen. Ansonsten besteht fast immer die Möglichkeit, einen Lesesaal aufzusuchen und dort Zeitungen und Fachliteratur zu studieren oder Veranstaltungen nachzubereiten. Für Gruppenarbeit sollten Sie die Lesesäle der Bibliotheken allerdings nicht nutzen, weil Sie damit zwangsläufig diejenigen Kommilitonen stören, die dort in Ruhe arbeiten möchten.

Verbindlichkeit des Stundenplans

Obwohl die Teilnahme an Vorlesungen und Übungen nicht obligatorisch ist, sollten Sie Ihren selbst aufgestellten Stundenplan sehr ernst nehmen und zu allen darin vorgesehenen Veranstaltungen regelmäßig hingehen. Natürlich können Sie sich den Lernstoff auch ausschließlich anhand von Lehrbüchern aneignen. Dabei entgehen Ihnen aber sehr wahrscheinlich die speziellen Schwerpunkte und Details, auf die der Dozent in der Prüfung besonderen Wert legt. Auch die hier gelegentlich vorgeschlagene Alternative, anstelle des Besuchs einer Vorlesung Mitschriften von Kommilitonen durchzuarbeiten, sollten Sie nur in den explizit genannten Ausnahmefällen in Betracht ziehen. Schließlich enthalten fremde Mitschriften immer nur Informationen aus zweiter Hand.

Sollte sich etwa herausstellen, dass Sie mit dem Vorlesungsstil eines bestimmten Dozenten nicht zurechtkommen, und gibt es darüber hinaus ein vorlesungsbegleitendes Lehrbuch oder Skriptum, ist solch ein Ausnahmefall zweifellos gegeben. Sie brauchen sich nicht durch schlechte Veranstaltungen zu quälen, wenn Sie die Zeit mit einem guten Lehrbuch besser nutzen können.

Unfähigen Übungsleitern bzw. Tutoren können Sie aus dem Weg gehen, indem Sie in eine parallel stattfindende Übung wechseln. Das ist im Allgemeinen auch dann noch möglich, wenn Sie sich bereits für eine Übung fest angemeldet bzw. eingetragen haben. Ob man nämlich wirklich in der Übung sitzt, für die man eingeteilt ist, wird mit an Sicherheit grenzender Wahrscheinlichkeit von niemandem kontrolliert. Die Gefahr, durch den Wechsel in eine hoffnungslos überlaufene Übung zu geraten, besteht allenfalls in den ersten paar Wochen des Semesters. Danach schwindet die Teilnehmerzahl auch in guten Übungen meist ganz von selbst.

Planung der Nachbereitungszeiten

Wie wichtig die Nachbereitung von Vorlesungen und Übungen ist, kann nicht oft genug betont werden. Nur wenn Sie alle Veranstaltungen regelmäßig nachbereiten, werden Sie auch einige Wochen nach Semesterbeginn noch gut mithalten können und von den Veranstaltungen profitieren. Wer den Lernstoff versteht, hört mit größerem Interesse zu und kann sich möglicherweise sogar aktiv beteiligen. Mit einer positiven Einstellung zum Lernstoff fällt Ihnen schließlich auch die Nachbereitung leichter. Diesen Kreis sollten Sie auf keinen Fall unterbrechen, denn wer des Öfteren mit Verständnisschwierigkeiten zu kämpfen hat, verliert über kurz oder lang die Freude am Studium. Außerdem muss man später ein Mehrfaches der durch den Verzicht auf die Nachbereitung eingesparten Zeit zusätzlich in die Prüfungsvorbereitung stecken.

Um zu verhindern, dass Sie die regelmäßige Nachbereitung allein aus Zeitmangel vernachlässigen müssen, sollten Sie bei der Aufstellung Ihres Stundenplans neben den Veranstaltungen auch die für die Nachbereitung erforderlichen Zeiten berücksichtigen. Dabei sind Sie natürlich nicht an bestimmte Termine gebunden, es sei denn, Sie vereinbaren mit Kommilitonen einen festen, wöchentlich stattfindenden Gruppenarbeitstermin.

Die Nachbereitung sollte unbedingt innerhalb von ca. 36 Stunden nach der jeweiligen Veranstaltung erfolgen, jedoch nicht unmittelbar im Anschluss an die Veranstaltung. Beispielsweise muss eine Vorlesung vom Vormittag entweder am Nachmittag des gleichen Tages oder spätestens am folgenden Tag nachbereitet werden. Liegen mehr als 36 Stunden zwischen der Veranstaltung und der Nachbereitung, können Sie damit rechnen, dass zum Zeitpunkt der Nachbereitung Teile des Lernstoffs bereits in Vergessenheit geraten sind und neu gelernt werden müssen.

Durch die Wiederholung innerhalb von 36 Stunden wird der Lernstoff so fest verankert, dass er anschließend über längere Zeit im Gedächtnis haften bleibt. Festigt sich der Lernstoff so gut, dass er bis zur Prüfung erhalten bleibt, sparen Sie später im Rahmen der Prüfungsvorbereitung sehr viel Zeit. Mit der regelmäßigen Nachbereitung aller Veranstaltungen beugen Sie zudem der Gefahr vor, aufgrund von Verständnisschwierigkeiten irgendwann den Faden zu verlieren.

Der Zeitbedarf für die Nachbereitung von Vorlesungen und Übungen kann sehr stark schwanken und lässt sich häufig nur schwer abschätzen. Er hängt unter anderem von der Schwierigkeit des Lernstoffs, Ihren Vorkenntnissen, dem pädagogischen Geschick des Dozenten und von der Qualität der eigenen Mitschrift bzw. deren Überarbeitungsbedarf ab. Als Richtwert können im Mittel 60 Minuten pro zweistündiger Vorlesung angesetzt werden. Für Übungen lässt sich dagegen kein Richtwert angeben, weil der Zeitbedarf zusätzlich vom Zweck und Inhalt der Übung abhängt und nicht zuletzt davon, ob Aufgaben zu bearbeiten sind. Gerade die schriftliche Lösung von Übungsaufgaben stellt sich mitunter als sehr zeitaufwändig heraus.

Beispiel

Am einfachsten lässt sich die Aufstellung eines Stundenplans an einem Beispiel verdeutlichen. In dem in Abb. 11 dargestellten fiktiven Stundenplan sind Vorlesungen, Übungen und Laborpraktika hell schattiert, während die zugehörigen Nachbereitungszeiten dunkel schattiert sind. Es wird angenommen, dass eine zweistündige Veranstaltung stets 90 Minuten dauert. Für die Nachbereitungszeiten werden dagegen grundsätzlich volle Stunden, also 60 bzw. 120 Minuten, veranschlagt. Damit ergeben sich beispielsweise am Freitag zweimal 90 Minuten für die beiden Vorlesungen und 60 bzw. 120 Minuten für die Nachbearbeitung der beiden Veranstaltungen vom Donnerstag. Das sind zusammen 360 Minuten bzw. sechs volle Stunden. Das Praktikum am Donnerstag dauert 180 Minuten, entspricht also vom Zeitaufwand her zwei 90-minütigen Veranstaltungen.

Das gesamte Arbeitspensum ist relativ gleichmäßig über die Woche verteilt. Da fast alle Nachbereitungszeiten innerhalb von 24 Stunden nach der zugehörigen Veranstaltung liegen, bleibt sogar etwas Luft, um auf unvorhergesehene Ereignisse reagieren zu können. Steht beispielsweise an einem Samstagvormittag ein größerer Einkaufsbummel an, lässt sich die Nachbereitung der zwei Vorlesungen vom Freitag ohne Überschreitung der 36-Stunden-Frist auch auf den Nachmittag verschieben.

Zeit	Montag	Dienstag	Mittwoch	Donnerstag	Freitag	Samstag
8 - 9	Vorlesung 1		Vorlesung 4	Übung 3	Vorlesung 6	
9 - 10		Vorlesung 2				Vorlesung 6
10 - 11	Vorlesung 2	Vorlesung 3	Vorlesung 3		Vorlesung 7	Vorlesung 7
11 - 12				Vorlesung 4		
12 - 13			Vorlesung 5	Vorlesung 5		
13 - 14	Übung 1	Übung 1			Übung 3	
14 - 15		Übung 2	Übung 2	Praktikum	Praktikum	
15 - 16	Vorlesung 1					
16 - 17						
17 - 18						
18 - 19						
19 - 20						

Abb. 11: Ein Stundenplan mit Nachbereitungszeiten

Die Arbeitsbelastung ist an keinem einzigen Wochentag zu hoch. Am anstrengendsten sind Donnerstag und Freitag mit sechseinhalb bzw. sechs Stunden. Zum Ausgleich sind am Samstag nur zwei Stunden Nachbereitungszeit eingeplant. Da an jedem Wochentag eine mindestens einstündige Mittagspause vorgesehen ist, muss nie länger als drei Stunden hintereinander gearbeitet werden.

Das wöchentliche Arbeitspensum der zehn 90-minütigen Vorlesungen und Übungen, des Laborpraktikums sowie der zwölf Stunden Nachbereitungszeit summiert sich auf insgesamt 30 Stunden. Das ist gewiss nicht zu viel. Gleichzeitig wird aber auch klar, dass sich zusätzliche Veranstaltungen nur schwer unterbringen lassen, weil dann nicht mehr genügend Zeit für die Nachbereitung bliebe. Fände beispielsweise am Donnerstagvormittag eine weitere Vorlesung statt, müsste zumindest die Nachbereitung der Vorlesung 4 auf Mittwoch vorverlegt werden. Abhängig davon, ob die Nachbereitung der Vorlesung 5 ebenfalls auf Mittwoch vorverlegt würde, wären entweder am Mittwoch oder am Donnerstag sieben Stunden konzentrierte Arbeit erforderlich. Am Freitag müsste in jedem Fall sieben Stunden gearbeitet werden, weil auf diesen Tag zwangsläufig die Nachbereitung der zusätzlichen Vorlesung fiele.

Sie sehen also: Ein mehr als zwölf Doppelstunden umfassender Stundenplan kann bereits zu einer recht hohen Belastung an einzelnen Wochentagen führen. Denn sie-

Zeit	Montag	Dienstag	Mittwoch	Donnerstag	Freitag	Samstag
8 - 9	Vorlesung 1		Vorlesung 4	Übung 3	Vorlesung 6	
9 - 10		Vorlesung 2				Vorlesung 6
10 - 11	Vorlesung 2	Vorlesung 3	Vorlesung 3	Vorlesung 8	Vorlesung 7	Vorlesung 7
11 - 12						
12 - 13			Vorlesung 5			Übung 2
13 - 14	Übung 1	Übung 1			Vorlesung 8	Übung 3
14 - 15		Übung 2		Praktikum	Praktikum	
15 - 16	Vorlesung 1		Vorlesung 4			
16 - 17			Vorlesung 5			
17 - 18						
18 - 19						
19 - 20						

Abb. 12: Modifizierter Stundenplan mit Nachbereitungszeiten

ben Stunden konzentriert zu lernen ist normalerweise anstrengender als der Acht-Stunden-Tag eines Berufstätigen. Etwas günstiger sähe es allenfalls aus, wenn die Nachbereitung einiger Veranstaltungen deutlich weniger Zeit beanspruchen würde, als hier pauschal angenommen wird. Vergessen Sie aber niemals, dass die Nachbereitung ebenso wichtig ist wie die Veranstaltungen selbst. Es ist generell nicht ratsam, die Nachbereitungszeiten zugunsten zusätzlicher Veranstaltungen unter das subjektiv notwendige Maß zu drücken. Sie können den Lernstoff dann nicht mehr ausreichend vertiefen und müssen später mit dem Lernen noch einmal ganz von vorn beginnen. Wird die Arbeitsbelastung zu hoch, verzichten Sie lieber ganz auf eine Veranstaltung, als gleichzeitig mehrere Veranstaltungen ungenügend nachzubereiten.

Wie das Beispiel zeigt, ergeben sich auch bei der Planung der Nachbereitungszeiten aufgrund der engen zeitlichen Bindung an die entsprechenden Veranstaltungen nicht allzu viele Gestaltungsmöglichkeiten. Das gilt insbesondere bei relativ voll gepackten Stundenplänen. Einen größeren Spielraum haben Sie allenfalls bei Übungen, in denen hauptsächlich Aufgaben gelöst werden. Wenn Sie die meist vorab gestellten Übungsaufgaben schon am Wochenende lösen, ist die Übung selbst praktisch die Nachbereitung dieser Tätigkeit. Haben Sie alle Aufgaben richtig gelöst, können Sie sich die zusätzliche Nachbereitung der Übung natürlich sparen. Dass zwischen der eigenen Bearbeitung der Aufgaben am Wochenende und dem Termin der Übung oft mehr als 36 Stunden liegen, ist in diesem speziellen Fall weniger kritisch, weil der Lerneffekt bei der selbstständigen Lösung von Übungsaufgaben ohnehin deutlich höher ist als bei der eher passiven Teilnahme an Vorlesungen.

Die so während der Woche eingesparte Nachbereitungszeit lässt sich gegebenenfalls für eine zusätzliche Veranstaltung nutzen. Werden in unserem Beispiel etwa die Aufgaben der Übungen 2 und 3 vorab am Wochenende bearbeitet, entfallen die Nachbereitungszeiten am Mittwoch und am Freitag. Durch die Verlegung der Nachbereitungszeiten der Vorlesungen 4 und 5 vom Donnerstag auf den Mittwoch entsteht am Donnerstag genügend Spielraum für eine zusätzliche Vorlesung. Diese Vorlesung kann dann ihrerseits am Freitag nachbereitet werden, und zwar in der Zeit, die ursprünglich für die Nachbereitung der Übung 3 vorgesehen war.

Der auf diese Weise modifizierte Stundenplan ist in Abb. 12 dargestellt.

Für Mittwoch, Donnerstag und Freitag ergibt sich nun ein Arbeitsaufwand von jeweils genau sechs Stunden. Das wöchentliche Arbeitspensum erhöht sich vor allem aufgrund der zusätzlichen Arbeit am Samstag um zweieinhalb auf insgesamt 32 $\frac{1}{2}$ Stunden.

✔ Wodurch zeichnet sich ein guter Stundenplan aus?

☐ Stellen Sie Ihren Stundenplan aufgrund des übergeordneten Plans Ihres Studiums zusammen.

☐ Achten Sie auf eine gleichmäßige Verteilung des Arbeitspensums.

☐ Muten Sie sich nicht mehr als vier zweistündige Veranstaltungen an einem Tag zu.

☐ Überlegen Sie sich, wie Sie größere Leerzeiten zwischen den Veranstaltungen auf sinnvolle Weise nutzen können.

☐ Halten Sie sich die für die Nachbereitung aller Veranstaltungen binnen 36 Stunden benötigten Zeiten frei.

☐ Beziehen Sie auch den Samstag in Ihren Stundenplan ein, beispielsweise zur Nachbereitung der Veranstaltungen vom Freitag.

☐ Planen Sie Zeiten für die Lösung von Übungsaufgaben am Wochenende ein, um die Belastung an Vorlesungstagen zu reduzieren.

3.2 Teilnahme an Vorlesungen

Besonders in den ersten Semestern sind Vorlesungen die wohl wichtigsten Veranstaltungen. In ihnen werden die theoretischen Grundlagen vermittelt, auf denen Übungen, Laborpraktika, Seminare und andere eher praktisch orientierte Veranstaltungen aufbauen. Wie Sie den größtmöglichen Nutzen aus Ihren Vorlesungen ziehen, wird im Folgenden erläutert.

Mitschriften

Sie sollten sich unbedingt angewöhnen, in jeder Veranstaltung, insbesondere aber in den Vorlesungen, mitzuschreiben. Wer sich allein auf sein Gedächtnis verlässt, wird später sehr wahrscheinlich nur einen Bruchteil des Gehörten wiedergeben können. Die Mitschrift ist nicht nur eine wichtige Grundlage für die Nachbereitung und die Prüfungsvorbereitung. Indem Sie die Ausführungen des Dozenten in eigenen Worten niederschreiben, zwingen Sie sich selbst zur Aufmerksamkeit und zur bewussten Verarbeitung des dargebotenen Lernstoffs. Denn was man nicht verstanden hat, kann man auch nicht in eigene Worte fassen. Detaillierte Hinweise zur Erstellung von Mitschriften werden in Kapitel 5.1 gegeben.

Verzichten Sie auch dann nicht auf eine Mitschrift, wenn Sie bereits über ein Skriptum verfügen oder ein vorlesungsbegleitendes Lehrbuch existiert, das den gesamten Vorlesungsstoff enthält. Solche Unterlagen lassen Sie am besten zu Hause, damit Sie nicht in Versuchung kommen, einfach mitzulesen und die eigene Mitschrift zu vernachlässigen. Im Zuge der Nachbereitung der Vorlesung können Sie dann Ihre Aufzeichnungen mit dem Skriptum vergleichen. Wenn Ihnen diese Empfehlung übertrieben erscheint und Sie eher dazu tendieren, die Vorlesung anhand des Skriptums zu verfolgen und nur ab und zu ergänzende Notizen zu machen, sollten Sie bedenken, dass dadurch der Zwang zur Aufmerksamkeit, der bei der Erstellung einer eigenen Mitschrift immer vorhanden ist, erheblich vermindert wird.

Verständnisschwierigkeiten

Es versteht sich eigentlich von selbst, dass nur derjenige von Vorlesungen und Übungen profitiert, der dem Dozenten bzw. Übungsleiter inhaltlich voll und ganz folgen kann. Wer größere Verständnisschwierigkeiten hat, muss sich zwangsläufig darauf beschränken, das abzuschreiben, was der Dozent an die Tafel schreibt bzw. an die Wand projiziert. Das ist jedoch eine geradezu unfassbare Zeitverschwendung. Wem es nur um die Abfassung einer Mitschrift geht, braucht schließlich nicht anderthalb Stunden in einem Hörsaal herumzusitzen, sondern kann sich auch einfach die Mitschrift eines Kommilitonen kopieren. Zudem dürfte die kopierte Mitschrift, sofern der Verfasser genügend Durchblick hatte, im Allgemeinen wesentlich besser als eine reine Tafelabschrift sein.

Wenn Sie merken, dass Sie in einer Vorlesung den Faden verloren haben, sollten Sie umgehend versuchen, den Anschluss zurückzugewinnen. Dies dürfte jedoch nicht immer gelingen, weil Sie einen mitunter recht großen Teil des bisher durchgenommenen Lernstoffs noch einmal intensiv studieren müssten. Sofern Ihnen dazu in Anbetracht eines ohnehin bereits gut gefüllten Stundenplans die Zeit fehlt, ist es zweckmäßiger, der Vorlesung für den Rest des Semesters ganz fernzubleiben und sich den entgangenen Lernstoff in den Semesterferien anhand von Lehrbüchern und fremden Mitschriften anzueignen. Mit dem weiteren Besuch der Vorlesung würden Sie nur kostbare Zeit verschenken, da Sie ohnehin kaum noch etwas verstehen werden. Besser ist natürlich, es gar nicht erst so weit kommen zu lassen.

Aber selbst wenn Sie in einer Vorlesung alles in allem gut mithalten können, ist nicht auszuschließen, dass Sie gelegentlich den einen oder anderen Punkt nicht auf Anhieb verstehen. Während es in Übungen ganz selbstverständlich ist, über unklare Stellen mit dem Übungsleiter zu diskutieren, hat man in Anbetracht des oft ungleich größeren Auditoriums einer Vorlesung doch gewisse Hemmungen, den Dozenten zu unterbrechen. Dennoch sollten Sie sich auch in Vorlesungen nicht scheuen, bei Verständnisschwierigkeiten unverzüglich nachzuhaken. Die Aufmerksamkeit des Dozenten zu erlangen, ist umso einfacher, je weiter vorn Sie sitzen. Die meisten Dozenten freuen sich über eine gelegentliche Rückmeldung aus dem Auditorium und ermutigen ihre Hörer sogar dazu. Da Sie in der Regel damit rechnen können, dass die meisten Ihrer Kommilitonen noch weniger als Sie selbst verstanden haben, ist die Befürchtung, sich mit einer dummen Frage zu blamieren, nur selten gerechtfertigt.

> **!** **Tipp:** Für längere Diskussionen mit dem Dozenten über Details, die nicht von allgemeinem Interesse sind, ist eine Vorlesung allerdings denkbar ungeeignet. Spezielle Themen lassen sich besser im Anschluss an die Vorlesung oder in der Sprechstunde des Dozenten erörtern.

Der Versuchung, sich durch eine Diskussion mit dem Dozenten während der Vorlesung zu profilieren, sollten Sie in jedem Fall widerstehen, denn damit erregen Sie allenfalls den Groll Ihrer Kommilitonen. Mit einer schlichten Frage der Art „Könnten Sie diesen Zusammenhang bitte noch einmal erklären?" werden Sie dagegen weder beim Dozenten noch bei den Kommilitonen Unmut hervorrufen.

Langweilige Vorlesungen

Selbst Vorlesungen über an sich hochinteressante Themen können durch didaktisch ungeschickte Dozenten zu einer fast unerträglichen Tortur werden. Während Sie solchen Dozenten im Hauptstudium unter Umständen durch die Wahl einer anderen Fächerkombination aus dem Weg gehen können, haben Sie im Grundstudium generell nur wenig Alternativen. Allerdings dürfte es gerade zu dem im Grundstudium dargebotenen Lernstoff eine Fülle von guten Lehrbüchern geben, die speziell auf die Anforderungen in Ihrem Studienfach zugeschnitten sind. Es sollte Ihnen deshalb nicht schwer fallen, sich den prüfungsrelevanten Lernstoff allein anhand von Lehrbüchern, gegebenenfalls ergänzt durch fremde Vorlesungsmitschriften, anzueignen.

Weil sich die Professoren gewöhnlich mit den Grundstudiumsvorlesungen abwechseln, ergibt sich unter Umständen auch die Möglichkeit, die gleiche Vorlesung ein oder zwei Semester später bei einem anderen Dozenten zu hören. Abgesehen von der Gefahr, dadurch vom Regen in die Traufe zu kommen, ist dieser Vorschlag aber nur selten praktikabel, denn die Verschiebung einer Vorlesung um zwei Semester dürfte Ihren Plan für das Grundstudium so durcheinander bringen, dass Sie im Endeffekt mindestens ein Semester länger bräuchten. Dieser Preis ist gegenüber der Erduldung einer langweiligen Vorlesung eindeutig zu hoch.

Da der Besuch von Vorlesungen nicht obligatorisch ist, können Sie sich die besonders schwachen Vorlesungen zumindest im Grundstudium ohne weiteres schenken und stattdessen entsprechende Lehrbücher und fremde Mitschriften durcharbeiten. Lernen anhand von schriftlichen Unterlagen hat den Vorteil, dass Sie uninteressante oder unwichtige Abschnitte überspringen können.

Tipp: Statt sich Woche für Woche durch eine langweilige Vorlesung zu quälen, können Sie auch versuchen, den Dozenten im Sinne einer Verbesserung der Qualität seiner Vorlesung zu beeinflussen. Natürlich gibt es genügend selbstgefällige Dozenten, die Verbesserungsvorschläge oder Kritik grundsätzlich zurückweisen und Desinteresse im Auditorium ausschließlich ihren Hörern anlasten. Viele Dozenten, insbesondere die jüngeren, lassen sich aber durch interessierte Hörer motivieren und sind sogar für konstruktive Kritik an ihren Vorlesungen offen. Sitzt beispielsweise in der ersten Reihe des Hörsaals stets eine Gruppe von aufmerksam zuhörenden Studenten, von denen gelegentlich sogar gezielte Rückfragen kommen, gewinnt der Dozent eine positivere Einstellung zu seinen Hörern. Kommt diese Gruppe später in seine Sprechstunde und macht auf taktvolle Weise Vorschläge für eine Verbesserung der Vorlesung, dürfte sie in den seltensten Fällen auf taube Ohren stoßen.

Störungen

Aber nicht nur ein didaktisch ungeschickter Dozent kann den Nutzen der Teilnahme an einer Vorlesung schmälern. Gerade in Anfängervorlesungen ist der Geräuschpegel im Auditorium mitunter so hoch, dass Sie den Ausführungen des Dozenten rein akustisch nicht immer folgen können. Mit der Bitte an Ihre Kommilitonen, sich etwas leiser zu unterhalten, werden Sie im Allgemeinen nur kurzfristig Erfolg haben.

Um Ihren Ärger nicht in sich hineinfressen zu müssen, setzen Sie sich am besten in eine der ersten Reihen. Dort sind die Störgeräusche wegen der Nähe zum Dozenten meist deutlich schwächer. In den ersten zwei Sitzreihen befinden sich auch in überfüllten Hörsälen für gewöhnlich noch einige freie Plätze. Die meisten Ihrer Kommilitonen befürchten nämlich, der Dozent könne sich mit Kontrollfragen direkt an sie wenden, und verziehen sich deshalb lieber auf die hinteren Bänke. Wer Bedenken hat, sich ganz allein in die erste Reihe zu setzen, kann versuchen, einige Kommilitonen zu überreden, ebenfalls mit nach vorn zu kommen. In einer Gruppe fühlt man sich naturgemäß sicherer und entgeht eher der Gefahr, zum alleinigen Ansprechpartner des Dozenten zu werden.

✔ **Wie zieht man den größtmöglichen Nutzen aus Vorlesungen?**

☐ Schreiben Sie in allen Vorlesungen mit, auch wenn Sie bereits über ein Skriptum verfügen.

☐ Klären Sie Verständnisschwierigkeiten möglichst umgehend auf.

☐ Scheuen Sie sich nicht, beim Dozenten nachzuhaken, wenn Sie etwas nicht verstanden haben.

☐ Verzichten Sie auf die Teilnahme an besonders langweiligen Vorlesungen und arbeiten Sie stattdessen ein gutes Lehrbuch durch.

☐ Fühlen Sie sich durch den Geräuschpegel im Auditorium nachhaltig gestört, setzen Sie sich am besten in eine der ersten Reihen des Hörsaals.

3.3 Teilnahme an Übungen

Im Gegensatz zu Vorlesungen dienen Übungen normalerweise lediglich dazu, den Lernstoff zu vertiefen. Gänzlich neuer Lernstoff wird nur selten durchgenommen. Die Vertiefung erfolgt oft anhand von Übungsaufgaben, die jeweils eine Woche zuvor als Umdruck an die Teilnehmer verteilt werden.

Versuchen Sie unbedingt, alle Aufgaben vorab eigenständig zu lösen. Die Lösung von Übungsaufgaben gehört zu den effizientesten Lerntechniken überhaupt, weil man den zugrunde liegenden Lernstoff nicht nur passiv in sich aufnimmt, sondern aktiv anwenden muss. Während der Übung selbst brauchen Sie Ihre eigenen Lösungen dann nur noch mit den Musterlösungen zu vergleichen.

Waren die Aufgaben sehr leicht und sind Sie sicher, die richtigen Lösungen gefunden zu haben, können Sie sich die Teilnahme an der Übung unter Umständen sogar sparen. Die Musterlösungen erhalten Sie gegebenenfalls von einem Kommilitonen, der an der Übung teilgenommen hat. Konnten Sie dagegen nicht alle Aufgaben eigenständig lösen, ist der Besuch der Übung natürlich angebracht.

Findet eine Übung in kleinen Gruppen statt, haben Sie die Möglichkeit, mit dem Übungsleiter und den anderen Teilnehmern über die Lösung der Aufgaben zu diskutieren. Die meisten Kommilitonen drücken sich allerdings vor einem offenen Dialog mit dem Übungsleiter und ziehen eine eher passive Teilnahme an der Übung vor. Die Hemmungen, vor einer Gruppe zu sprechen, sind naturgemäß recht hoch. Wer jedoch so etwas nicht frühzeitig lernt, wird später beispielsweise in mündlichen Prüfungen und Seminaren erhebliche Schwierigkeiten haben, denn dann steht bzw. sitzt er nicht dem Übungsleiter, sondern dem Professor persönlich gegenüber. Im Rahmen einer Übung bieten sich zahlreiche Gelegenheiten, derartige Situationen zu trainieren. Indem Sie sich aktiv beteiligen und gelegentlich sogar Ihre eigenen Lösungen an der Tafel vorführen, erwerben Sie die Fähigkeit, Ihre Hemmungen abzubauen und frei zu sprechen.

Den geringsten Nutzen aus einer Übung zieht zweifellos derjenige, der lediglich die Musterlösungen von der Tafel abschreibt, ohne sich zuvor mit den Aufgaben beschäftigt zu haben. Er wird häufig nicht einmal die einzelnen Lösungsschritte nachvollziehen können. Hier gilt im Prinzip das Gleiche wie für Vorlesungen: Um die Musterlösungen schwarz auf weiß zu bekommen, braucht man nicht anderthalb Stunden in einer Übung herumzusitzen, sondern kann sich auch ein paar Minuten an den Kopierer stellen.

> ✔ **Wie zieht man den größtmöglichen Nutzen aus Übungen?**
>
> ☐ Versuchen Sie unbedingt, alle Übungsaufgaben vorab eigenständig zu lösen.
>
> ☐ Nutzen Sie die Gelegenheit zur aktiven Beteiligung an Übungen, um eventuell vorhandene Redehemmungen abzubauen.

3.4 Teilnahme an Seminaren

Seminare sind Veranstaltungen, in denen typischerweise ein bestimmtes Thema aus einem Fachgebiet in Form von Vorträgen und Diskussionen vertieft wird. Sie finden häufig in Gruppen von bis zu 30 Teilnehmern unter direkter Leitung eines Professors statt. Es gibt sowohl Seminare, die wie andere Veranstaltungen an einem bestimmten Wochentag während der Vorlesungszeit abgehalten werden, als auch so genannte Blockseminare, die jeweils ganztägig an mehreren aufeinander folgenden Tagen in den Semesterferien, also in einem einzigen Block, stattfinden. Da die Teilnehmerzahl üblicherweise begrenzt ist, sollten Sie sich in jedem Fall möglichst frühzeitig zu einem Seminar anmelden.

In vielen Fällen müssen die Teilnehmer vor dem Beginn des Seminars eine schriftliche Arbeit anfertigen, deren Inhalt dann während des Seminars vorgetragen und anschließend diskutiert wird. Obwohl es natürlich auch auf Ihre Beteiligung an den Diskussionen über die Vorträge Ihrer Kommilitonen ankommt, dürfte für Sie selbst höchstwahrscheinlich Ihr eigener Vortrag bzw. Ihr Referat im Mittelpunkt des Seminars stehen. Stellen Sie sich die Situation am Beginn Ihres Referats vor: Vor Ihnen sitzen der Professor, einer oder mehrere seiner Mitarbeiter und eine Gruppe von Kommilitonen. Sie allein haben das Wort.

Wenn Sie schon vorher Lampenfieber hatten und auch während des Vortrags ein wenig Herzklopfen bekommen, ist das ganz normal. Das muss aber nicht sein. Sie können diese Situation nämlich sehr gut trainieren, indem Sie sich in Übungen gelegentlich an die Tafel wagen, um die Lösung einer Aufgabe vorzuführen oder irgendeinen anderen Sachverhalt zu erläutern (vgl. dazu Kapitel 3.3). Auch durch soziales oder politisches Engagement neben dem Studium, beispielsweise in der Fachschaftsvertretung, lernen Sie, vor größeren Gruppen zu sprechen. Wer so etwas kann, hat in Seminaren einen leichteren Stand.

Der Professor wird in der Regel versuchen, Ihnen den Einstieg zu erleichtern und Sie auch im weiteren Verlauf Ihres Referats durch aufmunterndes Kopfnicken und gezielte Fragen zu unterstützen. Wenn Sie zudem gut vorbereitet sind und sich für das Thema des Seminars interessieren, haben Sie keinen Grund zur Nervosität.

Tragen Sie Ihr Referat unbedingt frei vor. Notieren Sie nur wenige Stichworte, Zitate und komplizierte Namen oder Formeln auf einem kleinen Zettel. Es wirkt sehr verkrampft, wenn Sie ausschließlich aus Ihren Unterlagen vorlesen. Wer schon einmal einen Dozenten erlebt hat, der den Begriff „Vorlesung" allzu wörtlich genommen hat, weiß, wie ermüdend so etwas auf die Zuhörer wirkt.

Starren Sie auch nicht während Ihres gesamten Vortrags wie gebannt auf Ihre Unterlagen, sondern suchen Sie immer wieder den Blickkontakt zu Ihren Zuhörern. An deren Reaktion erkennen Sie sofort, wie Ihr Vortrag ankommt und ob Sie schwierige Einzelheiten nochmals in anderer Formulierung wiederholen müssen. Sie können sich auch einen Kommilitonen als fiktiven Ansprechpartner aussuchen, der Sie durch interessiertes Zuhören und wiederholtes Kopfnicken in Ihren Ausführungen bestätigt. Eine derartige Unterstützung kann äußerst hilfreich sein und sollte eventuell sogar vorher abgesprochen werden.

Schreiben Sie gelegentlich wichtige Stichworte an die Tafel, und erläutern Sie komplizierte Zusammenhänge anhand von Zeichnungen. Während Sie an der Tafel beschäftigt sind, haben Ihre Kommilitonen und Sie selbst eine kurze Verschnaufpause. Als Alternative zur Tafel können Sie natürlich auch Folien auflegen oder vorab Handzettel verteilen, auf die Sie sich während Ihres Vortrags beziehen. Unterliegen Sie aber nach Möglichkeit nicht der Versuchung, Ihre Zuhörer mit einer Fülle schriftlicher Unterlagen zu überhäufen. Drei bis vier einseitig bedruckte DIN-A4-Blätter sind normalerweise selbst für einen einstündigen Vortrag mehr als genug. Schließlich soll man Ihnen ja zuhören und nicht nur in den Unterlagen blättern.

Sofern Sie mit Folien arbeiten, sollten Sie darauf achten, nicht zu viel auf einer einzigen Folie unterzubringen. Auch wenn Ihnen das verschwenderisch vorkommen mag: Eine Überschrift und eine einzelne Zeichnung oder eine Liste mit maximal sechs bis acht Schlagworten pro Folie sind genau die richtige Informationsmenge. Sie können dann auch sicher sein, dass selbst die Kommilitonen in den letzten Reihen alles noch gut erkennen können. Falls erforderlich, machen Sie lieber während Ihres Vortrags noch einige handschriftliche Ergänzungen und Hervorhebungen auf die vorbereiteten Folien. Für die Erstellung professionell wirkender Folien mit Hilfe eines PCs bieten sich so genannte Präsentationsprogramme an, die speziell für diesen Zweck gedacht sind.

Lockern Sie Ihren Vortrag zusätzlich durch zahlreiche einfache Beispiele und viele Wiederholungen auf. Die Mehrzahl aller Vortragenden überschätzt die Aufnahmefähigkeit der Zuhörer nämlich gewaltig. Immerhin haben Sie sich mehrere Wochen lang mit dem Thema Ihrer Arbeit beschäftigt und sich in dieser Zeit umfangreiches Spezialwissen angeeignet. Glauben Sie nun nicht, Sie könnten Ihren Kommilitonen das alles in einem einzigen Vortrag, üblicherweise also innerhalb einer Stunde, erklären. Gehen Sie lieber betont langsam vor und achten Sie ständig auf die Reaktionen der Zuhörer. Gelingt es Ihnen, durch ergänzende Erläuterungen oder einen guten Vortragsstil die Reaktionen der Zuhörer im positiven Sinne zu beeinflussen, wird sich auch Ihre Unsicherheit zunehmend verflüchtigen.

> **Tipp:** Zumindest vor Ihrem ersten Referat ist es sehr hilfreich, wenn Sie Ihre Vortragskünste vorab einüben. Tun Sie sich am besten mit einer kleinen Gruppe anderer Seminarteilnehmer zusammen und hören Sie sich gegenseitig Ihre Vorträge an. Nach jedem Vortrag äußern die Zuhörer konstruktive Kritik am jeweils Vortragenden. Sie können sogar eine Videokamera einsetzen, um Ihre eigene Gestik und Mimik im Anschluss an Ihren Vortrag aus der Perspektive der Zuhörer zu beurteilen. Eventuelle Fehler werden sofort aufgedeckt und können während des Seminars vermieden werden.

Wer sich genauer über Vortragstechniken informieren möchte, kann selbstverständlich eines der zahlreichen Bücher zu diesem Thema zurate ziehen. Sinnvoller ist jedoch der Besuch eines Rhetorikkurses. Solche Kurse werden von den Volkshochschulen und teilweise auch von den Universitäten angeboten. Im Gegensatz zu schriftlichen Ratgebern bieten praktische Kurse die Möglichkeit, die erlernten Techniken sofort auszuprobieren und sich der Kritik der anderen Kursteilnehmer zu stellen. Die Teilnahme an einem solchen Kurs ist wesentlich effizienter, als wenn Sie sich nur eine Handvoll guter Ratschläge durchlesen, von denen Sie die Hälfte bis zu Ihrem nächsten Referat wahrscheinlich schon wieder vergessen haben. Dass sich rhetorische Fähigkeiten schlecht auf schriftlichem Wege vermitteln lassen, liegt offensichtlich in der Natur der Sache.

✔ Wie hält man ein gutes Referat?

☐ Lernen Sie rechtzeitig, vor einer größeren Gruppe zu sprechen.

☐ Bereiten Sie sich gut auf Ihren Vortrag vor und demonstrieren Sie Interesse am Thema.

☐ Notieren Sie lediglich einige Stichworte und komplizierte Formeln auf einem Zettel und tragen Sie Ihr Referat ansonsten frei vor.

☐ Suchen Sie ständig den Blickkontakt zu Ihren Zuhörern und achten Sie auf deren Reaktionen.

☐ Nutzen Sie die Tafel oder den Projektor, um komplizierte Zusammenhänge durch Stichworte und einfache Zeichnungen zu veranschaulichen.

☐ Erschlagen Sie Ihre Zuhörer nicht mit einer Fülle schriftlicher Unterlagen.

☐ Achten Sie darauf, dass Ihre vorbereiteten Folien nicht überladen sind, und machen Sie lieber während Ihres Vortrags einige handschriftliche Ergänzungen.

☐ Lockern Sie Ihren Vortrag durch Beispiele und Wiederholungen auf.

☐ Üben Sie Ihren Vortrag vorab zusammen mit einigen anderen Seminarteilnehmern ein.

☐ Nehmen Sie an einem Rhetorikkurs teil.

4 Zeitmanagement

4.1 Gleitende Arbeitszeit

Der schlimmste Feind eines Studenten ist seine eigene Bequemlichkeit. Selbst wenn Sie einen sorgfältig durchdachten Stundenplan aufgestellt und darin sogar ausreichend Nachbereitungszeiten vorgesehen haben, wird es Ihnen an vielen Tagen nicht leicht fallen, sich an die Arbeit zu machen. Es wird manchen Morgen geben, an dem Sie der Versuchung nicht widerstehen können, die erste Vorlesung mit dem Argument sausen zu lassen, heute werde ohnehin kein wichtiger Lernstoff durchgenommen. Oder wenn an einem heißen Sommertag Ihre Kommilitonen den Vorschlag machen, den Nachmittag im Freibad zu verbringen, werden Sie sich vielleicht einreden wollen, die eigentlich fällige Nachbereitung sei überflüssig, weil Sie ja am Morgen in der Vorlesung schon alles verstanden hätten.

In einigen Fällen mögen derartige Argumente durchaus zutreffend sein. Angesichts der verlockenden Alternativen, also etwa eine Stunde länger im Bett zu bleiben oder sich im Freibad abzukühlen, besteht jedoch leicht die Gefahr, dass den Argumenten gegen den Besuch der Vorlesung bzw. gegen eine Stunde Schreibtischarbeit ein unangemessen hohes Gewicht zukommt.

Während Arbeiter, Angestellte und Beamte unmittelbar Schwierigkeiten bekommen, wenn sie ohne stichhaltige Begründung nicht zur Arbeit erscheinen oder wenn sie den nötigen Arbeitseifer vermissen lassen, sind Sie als Student allenfalls im Zuge anstehender Prüfungen einem gewissen Druck ausgesetzt. In der übrigen Zeit müssen Sie den erforderlichen Druck selbst erzeugen, denn gute Vorsätze allein werden in den seltensten Fällen ausreichen. Sofern Sie nicht gerade extrem ehrgeizig sind, werden Sie feststellen, dass es gar nicht so einfach ist, selbst die nötige Arbeitsdisziplin aufzubringen. Das gilt vor allem dann, wenn die nächste Prüfung noch in weiter Ferne ist.

36-Stunden-Woche

Nehmen wir an, Sie hätten außergewöhnlich strenge Eltern, die zwar bereit wären, Ihr Studium zu finanzieren, jedoch von Ihnen verlangten, dass Sie sich in Anlehnung an die wöchentliche Arbeitszeit Ihrer Mutter bzw. Ihres Vaters 36 Stunden pro Woche ausschließlich Ihrem Studium widmen. Ihre täglichen Arbeitszeiten müssten Sie genau notieren und am Ende des Monats mit Ihren Eltern auf die Minute genau abrechnen. Erreichen Sie das vorgegebene Soll nicht, drohten Kürzungen der monatlichen Zuschüsse und im Wiederholungsfall möglicherweise sogar die endgültige Aufkündigung der Unterstützungszahlungen. Natürlich hielten Sie sich an diese Abmachung und wiesen insbesondere jeden Gedanken an eine Fälschung Ihrer Abrechnung strikt von sich.

Sie befänden sich dann in einer ähnlichen Situation wie ein Angestellter mit gleitender Arbeitszeit. Statt jeden Morgen ins Büro zu gehen, besuchten Sie regelmäßig Veranstaltungen, träfen sich mit Kommilitonen zur Gruppenarbeit oder arbeiteten zu Hause an Ihrem Schreibtisch. Auf diese Weise bekämen Sie jede Woche durchschnittlich 36 Stunden zusammen. Fiele einmal eine Vorlesung aus, beschäftigten Sie sich zwecks Erfüllung Ihres wöchentlichen Solls in dieser Zeit beispielsweise mit einem Lehrbuch. Sie könnten sogar von sich aus langweilige Vorlesungen auslassen oder sich einen Nachmittag freinehmen. Die dadurch versäumte Arbeitszeit müssten Sie allerdings entweder vor- oder nacharbeiten.

Wahrscheinlich werden Sie jetzt ganz froh sein, dass Ihre Eltern auf eine derart verrückte Idee noch nicht gekommen sind. Sich als Student einer 36-Stunden-Woche zu unterwerfen, erscheint Ihnen gewiss absurd. Eine derart massive Einschränkung Ihrer persönlichen Freiheit würden Sie niemals akzeptieren.

Aber wird Ihre Entscheidungsfreiheit wirklich nachhaltig beeinträchtigt? Immerhin können Sie selbst entscheiden, wann und mit welchen Tätigkeiten Sie Ihr wöchentliches Soll erfüllen. Niemand zwingt Sie, bestimmte Veranstaltungen zu besuchen oder zu festgelegten Zeiten, etwa täglich von 14 bis 16 Uhr, „Hausaufgaben" zu machen. Sie unterliegen lediglich einem sanften, aber stetigen Druck, mit dem Sie zur Arbeit angehalten werden. Und das muss durchaus kein Nachteil sein.

Das Beispiel der strengen Eltern ist natürlich nicht allzu ernst zu nehmen. Sie müssen das Problem fehlender Arbeitsdisziplin deshalb auf andere Weise lösen. Statt sich von Ihren Eltern ein wöchentliches Arbeitspensum vorschreiben zu lassen, machen Sie sich Ihre Zeitvorgaben einfach selbst. Der erforderliche Druck kommt dann allein durch das schlechte Gewissen zustande, das sich bei Nichterfüllung des Arbeitspensums einstellt. Das übertrieben hohe Soll von 36 Stunden pro Woche ersetzen Sie zweckmäßigerweise durch einen entsprechend niedrigeren Wert von beispielsweise 32 Stunden in der Vorlesungszeit und 24 Stunden in den Semesterferien (vgl. dazu Kapitel 4.2).

Gleitzeitausgleich

Ihr selbst auferlegtes wöchentliches Arbeitspensum ist tatsächlich im Sinne einer gleitenden Arbeitszeit zu verstehen. Sie brauchen die daraus abgeleiteten täglichen Zeitvorgaben also nicht auf die Minute genau einzuhalten, sondern dürfen einen Ausgleich zwischen den einzelnen Wochentagen vornehmen. Haben Sie sich etwa zwecks Erreichung eines wöchentlichen Arbeitspensums von 32 Stunden eine tägliche Arbeitszeit von sechs Stunden zuzüglich zwei Stunden am Samstag vorgenommen und arbeiten am Montag nur fünf Stunden, so können Sie die fehlende Stunde beispielsweise je zur Hälfte am Dienstag und am Mittwoch oder auch erst am Wochenende nachholen.

Umgekehrt ist es natürlich auch möglich, einen Arbeitszeitüberschuss zu erarbeiten und diesen später abzufeiern. Erfordert etwa die Nachbereitung einer Vorlesung eine halbe Stunde mehr Zeit als vorgesehen und kommen Sie deswegen am Donnerstag auf sechseinhalb Stunden, dürfen Sie dafür am Freitag oder am Wochenende eine halbe Stunde weniger arbeiten.

Tipp: Zusätzliche Flexibilität gewinnen Sie, indem Sie den Arbeitszeitausgleich nicht nur innerhalb einer Woche, sondern über einen beliebig langen Zeitraum durchführen. Sie müssen dann nicht Woche für Woche Ihr Arbeitspensum genau einhalten, sondern können individuell Vor- oder Nacharbeit leisten. Wollen Sie sich beispielsweise einmal einen auf vier Tage verlängerten Wochenendurlaub gönnen, arbeiten Sie einfach ein bis zwei Wochen lang vor, oder gleichen ein gegebenenfalls entstehendes Defizit durch entsprechende Mehrarbeit in den folgenden Wochen aus. Dieses Verfahren erfordert allerdings eine höhere Selbstdisziplin, weil die Versuchung groß ist, den notwendigen Ausgleich im Falle eines Defizits auf unbestimmte Zeit zu verschieben.

Entscheidungsfreiheit

Sich selbst einem fest vorgegebenen Arbeitspensum zu unterwerfen, mag Ihnen zunächst wenig verlockend erscheinen. Es ist schließlich gerade einer der Vorzüge des Studentenlebens, nicht an eine feste oder gleitende Arbeitszeit gebunden zu sein. Bei genauerer Betrachtung werden Sie jedoch feststellen, dass erhebliche Unterschiede zwischen Ihren individuellen Zeitvorgaben und der Arbeitszeit eines Berufstätigen bestehen. Während ein Angestellter mit gleitender Arbeitszeit zumindest während der so genannten Kernzeit, etwa von neun bis 15 Uhr, an seinem Arbeitsplatz sein muss, sind Sie in der Verteilung Ihrer Arbeitszeit vollkommen frei. Sie können sich sogar ohne besondere Rechtfertigung einen ganzen Tag freinehmen, sofern Sie entsprechend vor- oder nacharbeiten.

Ihre persönliche Entscheidungsfreiheit wird also kaum eingeschränkt. Ein System detaillierter Zeitvorgaben ist kein selbst auferlegter Zwang, sondern ein äußerst flexibles Instrument, das zu einer gleichmäßigen und damit stressfreien Verteilung der notwendigen Arbeit verhilft. Auch Ihre Kommilitonen, die sich im Allgemeinen nicht nach irgendwelchen Zeitvorgaben richten werden, müssen schließlich gelegentlich für Prüfungen lernen und unterliegen in diesen Zeiten oft sehr starkem Druck, weil sie sich den gesamten Lernstoff innerhalb weniger Wochen aneignen müssen. Diese sehr anstrengenden Perioden bleiben Ihnen nicht zuletzt dank eines guten Zeitmanagements erspart.

Viele Studenten stellen sich während ihres Studiums des Öfteren die Frage, ob sie genug Zeit in ihr Studium investieren. Eine Antwort auf diese Frage gibt es stets nur nachträglich in Form der Prüfungsergebnisse. Wer sich dagegen einem festen wöchentlichen Arbeitspensum unterwirft, wird weniger oft von entsprechenden Zweifeln geplagt sein. Solange Sie Ihre Zeitvorgaben einhalten, wird sich weder Ihr schlechtes Gewissen melden, noch werden Sie das ebenfalls ungute Gefühl haben, dass Ihre Freizeit zu kurz kommt.

✔ **Wie funktioniert ein Zeitmanagementsystem mit gleitender Arbeitszeit?**

☐ Verordnen Sie sich ein festes wöchentliches Arbeitspensum.

☐ Erfüllen Sie Ihr Arbeitspensum durch den Besuch von Veranstaltungen, durch Gruppenarbeit mit Kommilitonen, durch Lesen von Fachbüchern und andere studienbezogene Arbeiten.

☐ Nutzen Sie die Flexibilität des Systems und bestimmen Sie selbst, wann und wie Sie die geforderte Arbeitsleistung erbringen.

4.2 Zeitvorgaben

Bei der Festlegung konkreter Zeitvorgaben sind verschiedene Dinge zu berücksichtigen. Zunächst einmal lässt sich jedes Semester grob in Vorlesungszeit und Semesterferien einteilen.

Vorlesungszeit

In der Vorlesungszeit sollte Ihr wöchentliches Arbeitspensum etwa zwischen 32 und 36 Stunden liegen. Mehr als 36 Stunden sind bereits zu viel, denn konzentrierte geistige Arbeit ist sehr anstrengend. Wenn Sie für Montag bis Freitag jeweils sechs Stunden und für den Samstag vier Stunden festlegen, kommen Sie gerade auf 34 Stunden pro Woche. Das ist ein guter Kompromiss.

Tipp: Für den Fall, dass Sie in der Vorlesungszeit einer Nebenbeschäftigung nachgehen müssen, empfiehlt es sich, die wöchentliche Zeitvorgabe um die Hälfte des Umfangs der Nebenbeschäftigung zu kürzen. Benötigen Sie beispielsweise zehn Stunden pro Woche zum Geldverdienen, sollte Ihr Arbeitspensum zwischen 27 und 31 Stunden statt zwischen 32 und 36 Stunden liegen.

Die täglichen Zeitvorgaben müssen sich aber auch an Ihrem Stundenplan orientieren und folglich jedes Semester angepasst werden. Haben Sie beispielsweise am Montag nur eine einzige zweistündige Vorlesung, müssten Sie zwecks Erfüllung des sechsstündigen Arbeitspensums immerhin viereinhalb Stunden am Schreibtisch oder in der Bibliothek verbringen. Das kann schon ziemlich schwer fallen, zumal Sie keine Veranstaltungen vom Vortag nachzubereiten haben. In solchen Fällen könnten Sie die Zeitvorgabe für den Montag beispielsweise auf vier Stunden reduzieren und dafür am Samstag ein entsprechend höheres Arbeitspensum vorgeben. Das bietet sich vor allem dann an, wenn Sie am Freitag relativ viele Veranstaltungen besuchen, die am Samstag nachzubereiten sind. Ein geringeres Arbeitspensum am Montag hätte zudem den Vorteil, dass Sie sich im Anschluss an das Wochenende nicht sofort voll in die Arbeit stürzen müssen.

Mehr als sechs Stunden sollten Sie sich nach Möglichkeit für keinen Wochentag vornehmen, denn so viel dürfte Ihre Konzentrationsfähigkeit auf Dauer nicht hergeben. Verteilen Sie ein zu hohes tägliches Arbeitspensum lieber auf Tage, an denen die sechs Stunden noch nicht erreicht sind. Sie müssen ohnehin damit rechnen, dass es Tage geben wird, an denen Sie ihre Zeitvorgabe bedingt durch unvermeidliche Mehrarbeit überschreiten müssen, sodass in Ausnahmefällen doch einmal sieben oder mehr Stunden zustande kommen können.

Am Wochenende und an Feiertagen dürfen Sie sich mit einem niedrigeren Arbeitspensum begnügen. Ob Sie an Sonn- und Feiertagen überhaupt arbeiten, bestimmen

Sie natürlich selbst. Wollen Sie aus grundsätzlichen Erwägungen auf einen freien Tag pro Woche nicht verzichten, setzen Sie Ihre Zeitvorgabe für den Sonntag eben auf Null. Stehen Sie bedingt durch Prüfungen oder Abgabetermine unter Zeitdruck oder hat sich in den zurückliegenden Tagen ein mehrstündiges Arbeitszeitdefizit angehäuft, können Sie sich immer noch entscheiden, ausnahmsweise auch einmal an einem Sonntag ein paar Stunden zu arbeiten.

Im Sinne einer gleichmäßigen Verteilung der Arbeit über die ganze Woche sind ein oder zwei Stunden Lernen am Sonntag durchaus empfehlenswert. Sie werden sich schnell daran gewöhnen. Außerdem brauchen Sie dann an den anderen Wochentagen entsprechend weniger zu arbeiten. Und falls Sie doch einmal den ganzen Sonntag für einen Ausflug oder eine Wochenendreise benötigen, ziehen Sie das geringe sonntägliche Arbeitspensum eben auf den Samstag vor oder machen am folgenden Wochenende Überstunden.

> **Tipp:** Sofern Sie eine Wochenendreise mit der Bahn machen und ein Lehrbuch mitnehmen, können Sie Ihr Arbeitspensum sogar während der Fahrt erfüllen. Nicht umsonst lautet ein alter Werbeslogan der Bahn: „Der Kluge liest im Zuge".

Für den Samstag werden Sie in jedem Fall ein mehrstündiges Arbeitspensum einplanen müssen, weil die Nachbereitung der Veranstaltungen vom Freitag in der Regel nicht am gleichen Tag zu schaffen ist. Außerdem könnte Ihr Arbeitsrhythmus durch ein gänzlich arbeitsfreies Wochenende gestört werden. Als Folge hätten Sie jeden Montag mit Anlaufschwierigkeiten zu kämpfen. Und nicht zuletzt lässt sich leicht nachrechnen, dass Sie mit einem maximal sechsstündigen täglichen Arbeitspensum und einem freien Wochenende nicht über 30 Stunden pro Woche hinauskämen.

Abb. 13 zeigt eine Möglichkeit, ein wöchentliches Arbeitspensum von 34 Stunden auf die einzelnen Wochentage zu verteilen, und stellt den Zeitvorgaben zugleich den tatsächlichen Arbeitsaufwand einer bestimmten, fiktiven Woche gegenüber. Danach wurde am Montag, am Mittwoch und am Samstag je eine halbe Stunde Mehrarbeit geleistet, während am Donnerstag eine halbe Stunde zu wenig gearbeitet wurde. Der über die Woche erarbeitete Überschuss von insgesamt einer Stunde wurde hier am Sonntag abgefeiert. Es spricht aber durchaus nichts dagegen, am Sonntag die Zeitvorgabe einzuhalten und den Überschuss für später aufzuheben.

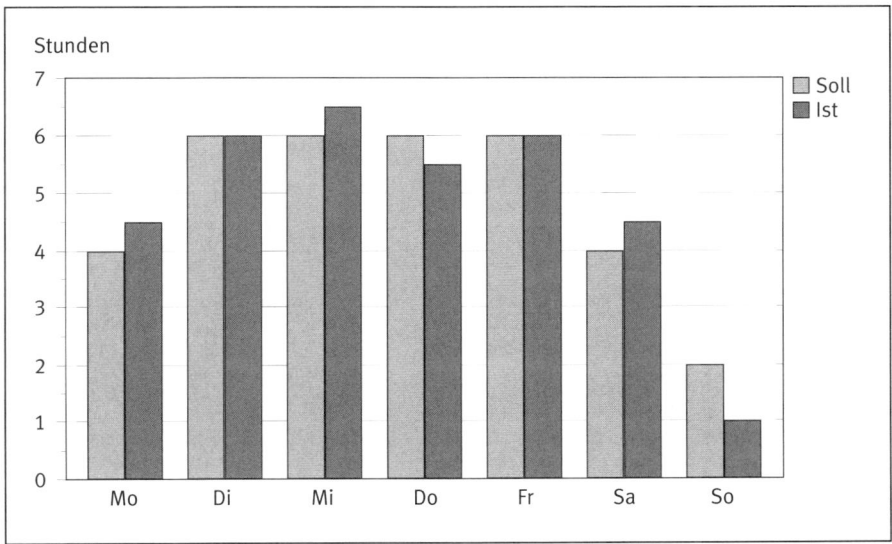

Abb. 13: Mögliche Verteilung eines wöchentlichen Arbeitspensums von 34 Stunden

Semesterferien

Da in den Semesterferien abgesehen von Blockseminaren und Ferienkursen keine Veranstaltungen stattfinden, ist die Arbeit naturgemäß weniger abwechslungsreich. Sie sollten sich deshalb mit einer niedrigeren wöchentlichen Zeitvorgabe als in der Vorlesungszeit begnügen. Schließlich wollen Sie sich ja auch erholen.

Das wöchentliche Arbeitspensum lässt sich in den Ferien ohne weiteres um etwa ein Viertel reduzieren. Aus 32 bis 36 Stunden in einer Vorlesungswoche werden dann 24 bis 27 Stunden. Um dieses Arbeitspensum auf die einzelnen Wochentage zu verteilen, könnten Sie beispielsweise viereinhalb Stunden Montag bis Freitag und drei Stunden am Samstag festsetzen. Sofern Sie keine Seminararbeiten oder Ähnliches anzufertigen haben, arbeiten Sie in den Semesterferien am besten den Lernstoff der Veranstaltungen des vorhergehenden Semesters noch einmal im Zusammenhang durch, um diesen weiter zu vertiefen (vgl. Kapitel 2.4, Lernen).

✔ **Wie hoch sind die täglichen und wöchentlichen Zeitvorgaben anzusetzen?**

☐ Legen Sie für die Vorlesungszeit ein wöchentliches Arbeitspensum von etwa 32 bis 36 Stunden fest.

☐ Berücksichtigen Sie bei der Festlegung des täglichen Arbeitspensums Ihren Stundenplan.

☐ Begrenzen Sie Ihre tägliche Zeitvorgabe an Wochentagen auf sechs Stunden.

☐ Begnügen Sie sich am Wochenende und an Feiertagen generell mit niedrigeren Zeitvorgaben.

☐ Reduzieren Sie Ihr wöchentliches Arbeitspensum in den Semesterferien um etwa ein Viertel.

4.3 Selbstdisziplin

Die Einhaltung eines wöchentlichen Arbeitspensums mit differenzierten täglichen Zeitvorgaben erfordert ein nicht unbeträchtliches Maß an Selbstdisziplin. Sehen Sie in den Zeitvorgaben am besten ein selbst gestecktes sportliches Ziel, das es zu erreichen gilt. Nur so können Sie sich auch in Zeiten, in denen Sie weitgehend frei von äußerem Leistungsdruck durch unmittelbar bevorstehende Prüfungen sind, zu regelmäßiger Arbeit anhalten.

Gerade im ersten Semester wird Ihnen die Einhaltung Ihrer Zeitvorgaben vermutlich nicht gerade leicht fallen. Während sich die meisten Ihrer Kommilitonen zunächst mit der Teilnahme an Veranstaltungen begnügen und ihre Mitschriften anschließend lediglich abheften, verbringen Sie zusätzliche Zeit mit der Nachbereitung von Vorlesungen und mit Lehrbüchern. Die Vorteile Ihres Zeitmanagements werden aber bereits mit den ersten Prüfungen gegen Ende des Semesters deutlich. Obwohl Sie sich, anders als die Mehrzahl Ihrer Kommilitonen, kaum auf die Prüfungen vorbereiten müssen, sondern lediglich Ihr gewohntes Arbeitspensum weiterhin erfüllen, werden Sie wahrscheinlich erheblich besser abschneiden.

Zweifellos werden Sie sich im Laufe der Zeit an die Einhaltung Ihrer Zeitvorgaben gewöhnen. Dennoch wird es immer wieder Tage geben, an denen Ihnen die Arbeit besonders schwer fällt. Das System erlaubt Ihnen zwar, gelegentlich die Arbeit liegen zu lassen und das entstehende Defizit an den folgenden Tagen auszugleichen. Machen Sie das jedoch mehrere Tage hintereinander, kann sich Ihr Arbeitszeitdefizit und damit die noch zu leistende Mehrarbeit so weit kumulieren, dass die Bereitschaft, am Zeitmanagement festzuhalten, nachlässt. Übertrieben hohe Zeitvorgaben können ebenfalls demotivierend wirken.

In derartigen Situationen werden Sie vermutlich bewusst oder unbewusst einen großen Ideenreichtum entwickeln, um Ihre Zeitvorgaben zu relativieren oder zu umgehen. Damit Sie die Gefahren rechtzeitig erkennen können, werden im Folgenden einige dieser Tricks aufgedeckt:

- Erfindung von Ausnahmesituationen
- Anrechnung von Arbeitspausen
- Anrechnung unzweckmäßiger Arbeiten
- Angeblicher Arbeitsmangel
- Zu hohe Belastung

Erfindung von Ausnahmesituationen

Zunächst einmal könnten Sie geneigt sein, eine vorübergehende Indisposition oder eine Häufung außeruniversitärer Verpflichtungen zum Ausnahmefall zu erklären und Ihr wöchentliches Soll mehr oder weniger willkürlich um zehn bis 20 Stunden zu kürzen. Das kumulierte Arbeitszeitdefizit wäre damit auf einen Schlag beseitigt. Und weil das so schön einfach geht, werden Sie wahrscheinlich immer öfter solche Ausnahmefälle entdecken, bis schließlich kaum noch eine Woche vergeht, in der Sie sich nicht auf diese Weise Ihres Arbeitspensums entledigen.

Wer so vorgeht, übersieht jedoch, dass man für Ausnahmefälle auch vorarbeiten kann. Kommen Sie beispielsweise aufgrund mehrerer kurz hintereinander stattfindender Geburtstagsfeiern in Ihrem Bekanntenkreis nicht mehr zum Lernen, so dürften Sie das ja schon einige Tage oder Wochen vorher gewusst haben. Sie hätten also Zeit gehabt, einen ausreichenden Überschuss anzusparen.

 Tipp: Für unvorhergesehene Ereignisse halten Sie am besten ständig einen Arbeitszeitüberschuss von etwa zehn Stunden in Reserve. Sie geraten dann nicht sofort ins Soll, wenn Sie einmal einen Nachmittag oder ein ganzes Wochenende verhindert sind.

Indisposition ist hingegen häufig nichts anderes als Arbeitsunlust und sollte nicht leichtfertig auf eine Erkältung oder Ähnliches zurückgeführt werden. Nur echte Krankheiten dürfen Anlass zu einer angemessenen Kürzung des Arbeitspensums sein.

Anrechnung von Arbeitspausen

Wenn Sie zwei Stunden am Schreibtisch gesessen haben, bedeutet das noch lange nicht, dass Sie 120 Minuten konzentriert gelernt haben. Haben Sie etwa zwischendurch ein Telefongespräch geführt oder ein kleines Schwätzchen gehalten, eine kurze Kaffeepause gemacht oder auch nur zehn Minuten in Urlaubserinnerungen geschwelgt, statt sich mit Ihren Unterlagen zu beschäftigen, so dürfen die damit verbrachten Zeiten selbstverständlich nicht auf das Arbeitspensum angerechnet werden. Statt 120 Minuten haben Sie dann eben nur 100 oder 110 Minuten gearbeitet. Würden Sie generell auch die Pausen zur Arbeitszeit hinzurechnen, könnte es leicht passieren, dass Sie sich im Laufe der Zeit immer längere Pausen gönnen und Ihr Arbeitspensum schließlich nur noch rein formal erfüllen. Damit betrügen Sie sich letztlich selbst.

Tipp: Um die Länge der Arbeitszeit und die Pausendauer genau bestimmen zu können, sollte bei Ihrer Arbeit immer eine Uhr in Sichtweite sein. Müssen Sie sich allein auf Ihr Zeitgefühl verlassen, besteht gerade bei unkonzentrierter Arbeit die Tendenz, die Arbeitszeit zu hoch und die Pausenzeit zu niedrig einzuschätzen.

Anrechnung unzweckmäßiger Arbeiten

Grundsätzlich dürfen Sie nur solche Arbeiten, die in direktem Zusammenhang mit Ihrem Studium stehen, auf das Arbeitspensum anrechnen. Dazu gehören neben dem Besuch von Vorlesungen, Übungen und sonstigen Veranstaltungen ihres Studiengangs sowie der Teilnahme an Prüfungen natürlich auch Nachbereitungszeiten und das Durcharbeiten von Fachliteratur. Bei anderen Arbeiten müssen Sie im Einzelfall genau abwägen, ob diese zugunsten Ihres Studiums einen vergleichbar hohen Nutzen haben.

Indem Sie auch Beschäftigungen, die nur teilweise Ihrem Studium zugute kommen, als echte Arbeitszeiten werten, unterwandern Sie Ihre Zeitvorgaben. Die Grenzen sind hier durchaus fließend. Das wird am Beispiel eines Informatikstudenten, der an seinem PC eigene Programme entwickelt, besonders deutlich. Rechnet er die häufig bis in die späte Nacht dauernde Programmierarbeit voll auf sein Arbeitspensum an, kann er in kürzester Zeit einen gewaltigen Arbeitszeitüberschuss anhäufen, den er schließlich voller Selbstzufriedenheit durch Schwänzen von Vorlesungen abfeiert.

Seien Sie deshalb äußerst kritisch bei der Wahl der Arbeiten, die Sie zwecks Erfüllung Ihrer Zeitvorgaben ausführen. Wenn Ihnen die Entscheidung für oder gegen die Anrechnung in einzelnen Fällen schwer fällt, können Sie auch einen Kompromiss schließen und Arbeiten mit geringem, aber nicht vernachlässigbarem Nutzen nur zu einem bestimmten Prozentsatz anrechnen. Unser Informatikstudent würde beispielsweise eine fünfstündige Nachtsitzung am PC nur zu 40 Prozent, also zwei Stunden, mit seinen Zeitvorgaben verrechnen. Der Besuch von Veranstaltungen, Nachbereitungszeiten und andere Arbeiten gelten dagegen stets zu 100 Prozent als Arbeitszeit.

Angeblicher Arbeitsmangel

Eine Kürzung der Zeitvorgaben mit dem Argument, es lasse sich gerade keine sinnvolle Beschäftigung finden, kann kaum ernst genommen werden. Der Lernstoff, den Sie sich im Verlauf Ihres Studiums aneignen müssen, ist so umfangreich, dass Sie mit Sicherheit nie unter Arbeitsmangel leiden werden. In den Bibliotheken steht eine Vielzahl interessanter Fachbücher und -zeitschriften, deren Durcharbeiten sich lohnt. Die meisten Dozenten geben sogar zu Beginn ihrer Vorlesungen Literaturquellen an, die sich zur Vertiefung des Vorlesungsstoffs eignen.

Selbst in den Semesterferien zwischen Grund- und Hauptstudium lassen sich viele sinnvolle Arbeiten finden. Typische Ferienbeschäftigungen, wie etwa die Wiederholung des Lernstoffs von Vorlesungen oder die Anfertigung von Seminararbeiten, entfallen ja in dieser Zeit, sofern Sie nicht der Empfehlung gefolgt sind, bereits im letzten Grundstudiumssemester einige Vorlesungen des Hauptstudiums zu hören (vgl. dazu Kapitel 2.2). Indem Sie geeignete Lehrbücher zur Hand nehmen, können Sie sich aber in jedem Fall schon einmal auf die Vorlesungen des nächsten Semesters vorbereiten. Zusätzlich bietet sich die Teilnahme an einem oder mehreren Ferienkursen an (vgl. dazu Kapitel 2.4, Teilnahme an Ferienkursen).

Zu hohe Belastung

Sofern Sie die mit der Einhaltung Ihres Arbeitspensums verbundene Belastung als zu hoch empfinden, sollten Sie dennoch nicht sofort aufgeben. Eine sofortige

Herabsetzung des wöchentlichen Arbeitspensums hätte langfristig negative Folgen für Ihre Arbeitsdisziplin. Der Ehrgeiz, das selbst gesteckte Ziel zu erreichen, würde geschwächt. Zudem wäre die Versuchung sehr groß, sich auch später durch einfachen Beschluss der selbst auferlegten Verpflichtung zur Arbeit zu entledigen. Nur wenn Sie sich in Überschätzung Ihrer eigenen Leistungsfähigkeit anfangs ein über 36 Stunden hinausgehendes wöchentliches Arbeitspensum verordnet haben, dürfen Sie ohne weiteres klein beigeben.

Eine Kürzung der Zeitvorgaben will in jedem Fall gut überlegt sein. Entschließen Sie sich beispielsweise zwischen dem ersten und dem zweiten Semester, Ihr wöchentliches Arbeitspensum von 36 Stunden auf 32 Stunden herabzusetzen, so ist das durchaus in Ordnung. 36 Stunden konzentrierte geistige Arbeit pro Woche sind nun einmal nicht jedermanns Sache. Allerdings müssen Sie dabei Rücksicht auf Ihren Stundenplan nehmen. Das Arbeitspensum muss mindestens so hoch sein, dass die Zeit zur Teilnahme an allen Veranstaltungen und zur regelmäßigen Nachbereitung ausreicht.

Übertrieben wäre hingegen eine weitere Reduzierung von 32 auf 28 Stunden pro Woche. Ein wöchentliches Arbeitspensum von 32 Stunden stellt in der Regel noch keine unzumutbare Belastung dar. Nur wenn Sie auch in der Vorlesungszeit zur Finanzierung Ihres Studiums einer Nebenbeschäftigung nachgehen müssen, ließen sich Zeitvorgaben von deutlich unter 32 Stunden pro Woche rechtfertigen.

Ein relativ hohes Arbeitspensum in der Vorlesungszeit dürfte aber auch schon aus dem Grund tragbar sein, weil dafür in den Semesterferien ein Ausgleich geschaffen wird. Arbeiten Sie während der Semesterferien beispielsweise nur 24 statt 32 Stunden pro Woche, bleibt Ihnen erheblich mehr Freizeit als in der Vorlesungszeit. Dieses verkürzte Arbeitspensum werden Sie zu einem großen Teil benötigen, um die Veranstaltungen des jeweils vorhergehenden Semesters zu wiederholen. Mehr als sechs Wochen Urlaub im Jahr sollten Sie sich deshalb normalerweise nicht genehmigen. Keinesfalls jedoch dürfen Sie der Versuchung unterliegen, sich durch übertrieben lange Urlaubsreisen oder finanziell nicht zwingend erforderliche Ferienjobs einen Vorwand zu verschaffen, während der Semesterferien weniger als eigentlich notwendig zu lernen. Ein oder zwei mehrmonatige Urlaubsreisen sind damit natürlich nicht ausgeschlossen, sofern sie bei der Planung des Studiums berücksichtigt sind und in einer geeigneten Phase des Studiums stattfinden (vgl. dazu Kapitel 2.5, Mehrmonatige Urlaubsreisen).

✔ Wie sichert man die Funktionsfähigkeit des Zeitmanagementsystems?

☐ Sehen Sie in Ihren Zeitvorgaben ein selbst gestecktes sportliches Ziel, das es zu erreichen gilt.

☐ Missbrauchen Sie angebliche Ausnahmesituationen nicht als Rechtfertigung zu einer pauschalen Kürzung oder gar Streichung eines Arbeitszeitdefizits.

☐ Halten Sie ständig einen Arbeitszeitüberschuss von etwa zehn Stunden in Reserve, um bei unvorhergesehenen Ereignissen nicht sofort ins Soll zu geraten.

☐ Ziehen Sie auch sehr kurze Arbeitsunterbrechungen grundsätzlich von der anzurechnenden Arbeitsleistung ab.

☐ Seien Sie kritisch bei der Auswahl der Arbeiten, die Sie zur Erfüllung Ihres Arbeitspensums anrechnen wollen.

☐ Reden Sie sich niemals ein, es gebe gerade keine sinnvolle Beschäftigung, mit der Sie Ihr Arbeitspensum erfüllen können.

☐ Widerstehen Sie der Versuchung, das einmal festgesetzte Arbeitspensum während des laufenden Semesters zu kürzen.

☐ Entledigen Sie sich nicht durch übertrieben lange Urlaubsreisen oder finanziell nicht erforderliche Ferienjobs Ihres Arbeitspensums in den Semesterferien.

4.4 Kontrolle

Das Konzept der gleitenden Arbeitszeit erlaubt Ihnen, Ihr Arbeitspensum an einzelnen Tagen nicht vollständig zu erfüllen und das entstehende Defizit an anderen Tagen auszugleichen. Um nicht den Überblick über den Nachholbedarf oder bereits geleistete Mehrarbeit zu verlieren, empfiehlt es sich, die eigenen Arbeitszeiten schriftlich festzuhalten.

Arbeitszeitkonto

Die einfachste Möglichkeit besteht darin, ein Arbeitszeitkonto zu führen, auf dem die Differenzen zwischen der tatsächlich geleisteten Arbeit und der Zeitvorgabe verbucht werden. Haben Sie beispielsweise an einem Tag eine halbe Stunde Mehrarbeit geleistet, schreiben Sie Ihrem Arbeitszeitkonto 30 Minuten gut. Bleibt Ihre tatsächliche Arbeitszeit dagegen eine halbe Stunde unter dem Tagessoll, ziehen Sie von Ihrem bisherigen Guthaben 30 Minuten ab bzw. erhöhen Ihr bis dahin kumuliertes Defizit um diesen Betrag. So wissen Sie stets genau, wie hoch Ihr aktuelles Guthaben bzw. Defizit ist.

Das Arbeitszeitkonto lässt sich sehr gut in einem Jahreskalender führen, in dem für jeden Tag eine Zeile Platz ist. Ein Ausschnitt aus einem fiktiven Arbeitszeitkonto ist in Abb. 14 dargestellt.

November 2003				+200	← Übertrag vom Oktober (Minuten)
1	Sa	240	225	-15	+185
2	So	120	120	±0	+185
3	Mo	240	260	+20	+205
4	Di	360	315	-45	+160
5	Mi	360	380	+20	+180
6	Do	360	370	+10	+190
7	Fr	360	325	-35	+155
8	Sa	240	290	+50	+205
9	So	120	95	-25	+180
10	Mo	240	275	+35	+215
11	Di	360	360	±0	+215
12	Mi	360	345	-15	+200
13	Do	360	390	+30	+230
...					
30	So	120	125	+5	+210
		↑ Soll	↑ Ist	↑ Differenz	↑ Guthaben

Abb. 14: Ausschnitt aus einem Gleitzeitkonto

Studientagebuch

Noch informativer als ein Arbeitszeitkonto ist ein detailliertes Studientagebuch. Im Studientagebuch notieren Sie alle Arbeiten, die Sie auf Ihr Arbeitspensum anrechnen wollen. Anhand der Einträge können Sie nicht nur Ihren aktuellen Arbeitszeitüberschuss berechnen, sondern auch nachträglich feststellen, wie viel Zeit Sie insgesamt für jedes Prüfungsfach aufgewendet haben, wie lange das Durcharbeiten eines bestimmten Lehrbuchs gedauert hat, wie hoch der durchschnittliche Zeitbedarf für die Nachbereitung von Vorlesungen ist und vieles mehr. Solche Informationen können bei der Aufstellung von Stundenplänen und der Festlegung von Zeitvorgaben sehr nützlich sein. Grobe Planungsfehler, die auf Fehleinschätzungen des erforderlichen Arbeitsaufwands zurückzuführen sind, lassen sich damit künftig vermeiden.

Die Führung eines Studientagebuchs erfordert nur wenig mehr Aufwand als die Führung eines einfachen Arbeitszeitkontos. Ein normaler Taschenkalender, der für jeden Tag eine Seite zur Verfügung stellt, ist die ideale Grundlage für ein Studientagebuch. Terminplaner sind hingegen eher für die Planung fester Termine gedacht und deshalb weniger gut geeignet. Abb. 15 zeigt eine typische Seite aus einem Studientagebuch.

Mittwoch, 12. November 2003

Arbeit	Minuten
Vorlesung Mathematik 1	90
Vorlesung Buchführung	90
Lehrbuch „Mathematik für Wirtschaftswissenschaftler"	40
Gruppenarbeit mit Andrea und Bettina	75
Nachbereitung Mathematik 1	50
Summe (Ist)	345
Zeitvorgabe (Soll)	360
Differenz	-15
Guthaben (kumuliert)	+200

Abb. 15: Ausschnitt aus einem Studientagebuch

Tipp: Arbeitszeitkonto oder Studientagebuch lassen sich natürlich auch mithilfe eines Tabellenkalkulationsprogramms auf einem Taschen-PC (auch Pocket-PC, PDA, Handheld oder Palmtop genannt) führen. Die Tabellenkalkulation bietet sogar die Möglichkeit, automatisierte Auswertungen vorzunehmen.

Überschuss und Defizit

Ihre Motivation zur Einhaltung des vorgegebenen Arbeitspensums dürfte durch die Führung eines Arbeitszeitkontos oder eines Studientagebuchs steigen, weil Sie jeden Tag schwarz auf weiß vor Augen haben, wie viele Stunden Sie noch aufholen müssen bzw. wie viel Arbeitszeitüberschuss Sie schon angespart haben. Bestehende Tendenzen, sich selbst zu betrügen, werden durch die schriftliche Kontrolle reduziert.

Ein größeres, nur schwer aufzuholendes Defizit wirkt hingegen demotivierend und lässt Zweifel am Nutzen des Zeitmanagements aufkommen. Der hohe Arbeitsaufwand, den Sie dann vor sich haben, ist möglicherweise so abschreckend, dass Sie der Versuchung unterliegen, Ihre Zeitvorgaben nachträglich zu kürzen oder das Defizit einfach zu löschen. Tragen Sie deshalb nach Möglichkeit dafür Sorge, dass Sie nie mehr als etwa zehn Stunden im Soll sind. Ein Defizit von fünf Stunden sollte bereits Anlass geben, am nächsten Wochenende ein paar zusätzliche Stunden am Schreibtisch zu verbringen.

Noch günstiger ist natürlich, wenn ständig ein Guthaben von zehn bis 20 Stunden auf Ihrem Konto steht. Das ist ein gutes Polster, mit dem Sie auch für unvorhergesehene Ereignisse gewappnet sind. Sie können dann ohne weiteres auch einmal ein ganzes Wochenende freimachen oder im Falle einer vorübergehenden Indisposition etwas kürzer treten, ohne gleich ein größeres Arbeitszeitdefizit aufzubauen.

Häuft sich dagegen im Laufe der Zeit ein stetig wachsendes Guthaben an, so ist dies ein Zeichen dafür, dass Ihre Zeitvorgaben zu niedrig angesetzt sind. In diesem Fall müssen Sie sich für das nächste Semester ein größeres Arbeitspensum vornehmen. Haben Sie jedoch bereits im laufenden Semester ein wöchentliches Arbeitspensum von 36 oder mehr Stunden, dann ist der stetige Anstieg Ihres Guthabens möglicherweise darauf zurückzuführen, dass Sie an zu vielen Veranstaltungen teilnehmen, Ihre Kräfte überschätzen oder Arbeiten anrechnen, die zumindest teilweise als Freizeitbeschäftigung gelten müssten. Jedenfalls sollten Sie die Ursachen eines hohen Arbeitszeitüberschusses ebenso genau analysieren wie die Ursachen eines hohen Defizits. Ein detailliertes Studientagebuch erweist sich dabei als sehr nützlich.

✔ Wie wird das Zeitmanagementsystem praktisch gehandhabt?

☐ Benutzen Sie ein Arbeitszeitkonto, auf dem die täglichen Differenzen zwischen Ihrer Zeitvorgabe und dem tatsächlichen Arbeitsaufwand kumuliert werden.

☐ Führen Sie alternativ ein detailliertes Studientagebuch, in dem alle Arbeiten einzeln aufgeführt sind.

☐ Werten Sie die Aufzeichnungen im Studientagebuch aus, um den Arbeitsaufwand für bestimmte Tätigkeiten künftig besser abschätzen zu können.

☐ Sorgen Sie dafür, dass niemals ein größeres Arbeitszeitdefizit zustande kommt.

☐ Halten Sie nach Möglichkeit ständig ein Arbeitszeitguthaben von zehn bis 20 Stunden für unvorhergesehene Ereignisse in Reserve.

☐ Analysieren Sie die Ursachen eines stetig wachsenden Arbeitszeitüberschusses ebenso genau wie die Ursachen eines zunehmenden Defizits.

5 Arbeitstechniken

5.1 Erstellen von Vorlesungsmitschriften

Vorlesungsmitschriften sind nicht nur als Grundlage für die Nachbereitung und die spätere Prüfungsvorbereitung unentbehrlich. Die eigenhändige Erstellung von Vorlesungsmitschriften fördert auch die Konzentration und Aufmerksamkeit während der Veranstaltung (vgl. dazu Kapitel 3.2, Mitschriften). Schreiben Sie deshalb nicht nur passiv von der Tafel ab. Selbst wenn der Dozent sehr viel anschreibt, ergeben sich fast immer genügend Möglichkeiten für ergänzende Notizen. Eine gute Mitschrift gibt eben nicht nur den Inhalt der Tafelaufzeichnung bzw. der aufgelegten Folien wieder, sondern enthält darüber hinaus zahlreiche wichtige Details, die der Dozent nur mehr oder weniger nebenbei erwähnt hatte. Auch die grundlegenden Zusammenhänge des Lernstoffs dürften in einer reinen Tafel- bzw. Folienabschrift nicht immer deutlich werden.

Tipp: Um sich die Schreibarbeit zu erleichtern, sollten Sie ausgiebig von Abkürzungen Gebrauch machen. Neben allgemein gängigen Abkürzungen wie „z. B.", „usw.", „Nr." und vielen anderen mehr, gibt es meist zahlreiche fachspezifische Abkürzungen, etwa für Gesetzestexte oder chemische Elemente. Darüber hinaus können Sie sich ein System von individuellen Abkürzungen für in Ihrem Fachgebiet häufig verwendete Begriffe schaffen. Wenn Ihre selbst erfundenen Abkürzungen einprägsam und vor allem eindeutig sind, werden auch Kommilitonen, denen Sie Ihre Mitschriften ausleihen, damit zurechtkommen.

Wer bereits während der Vorlesung sehr viel Wert auf eine saubere Mitschrift legt, spart zwar etwas Zeit bei der Überarbeitung, unterliegt dafür aber der Gefahr, sich zu intensiv mit seiner Mitschrift zu beschäftigen, statt seine Aufmerksamkeit auf den Dozenten zu konzentrieren. Eine Mitschrift muss ja nicht druckreif sein. Vollständigkeit und Übersichtlichkeit haben Vorrang. Schönheitskorrekturen lassen sich auch nachträglich noch vornehmen, während entgangene Einzelheiten meist unwiederbringlich verloren sind.

Im Zuge der Nachbereitung einer Vorlesung bietet sich ohnehin eine gute Gelegenheit, die Mitschrift zu überarbeiten (vgl. dazu Kapitel 5.2). Sie können beispielsweise aus Lehrbüchern entnommene Details hinzufügen, Zeichnungen noch einmal genauer anfertigen sowie Flüchtigkeitsfehler und schlechte Formulierungen korrigieren.

Geben Sie sich deshalb auch mit Zeichnungen und Tabellen nicht zu viel Mühe und verzichten Sie einstweilen auf Lineal und Farbstifte. Eine flüchtig dahingeworfene Skizze, aus der alle Einzelheiten ersichtlich sind, lässt sich später, wenn genügend Zeit dafür zur Verfügung steht, immer noch in ein farbenprächtiges Kunstwerk verwandeln.

Tipp: In einigen Studienfächern ist die Benutzung eines portablen PCs zum Mitschreiben während einer Vorlesung üblich. Statt sich dem Gruppenzwang zu unterwerfen, sollten Sie selbst entscheiden, ob dies auch für Sie eine sinnvolle Alternative zur Mitschrift von Hand ist. Sofern Sie das Zehnfingersystem beherrschen, können Sie mit der Tastatur zwar schneller schreiben als mit der Hand, dafür geraten Sie aber bei allen Arten von Hervorhebungen, Tabellen oder gar Skizzen sofort wieder ins Hintertreffen. Ein Vorteil der PC-Benutzung ist allerdings, dass Sie die elektronische Mitschrift später sehr schnell nach Stichworten durchsuchen lassen können.

Die Überarbeitung Ihrer Mitschrift gestaltet sich besonders einfach, wenn Sie in der Vorlesung ausschließlich mit Bleistift schreiben und großzügig mit dem Platz umgehen, also Abstand zwischen aufeinander folgenden Absätzen sowie breite Seitenränder lassen. Unsaubere Stellen und Fehler können dann später einfach wegradiert werden. Ergänzende Bemerkungen, Randnotizen und farbige Markierungen lassen sich problemlos unterbringen.

Unsaubere Mitschriften können sogar einen zusätzlichen Anreiz zur regelmäßigen Nachbereitung aller Veranstaltungen bieten. Der Versuchung, die gesamte Mitschrift einer Vorlesung noch einmal vollständig neu und in Schönschrift anzufertigen oder sie gar in Ihren PC einzugeben, sollten Sie allerdings nur dann nachgeben, wenn das Original für die Prüfungsvorbereitung unbrauchbar ist. Eine druckreife Fassung dürfte kaum den zusätzlichen Zeitaufwand rechtfertigen, denn Sie werden Ihre Mitschrift im Verlauf Ihres Studiums höchstens noch zwei- bis dreimal durcharbeiten.

✔ Wie erstellt man eine gute Vorlesungsmitschrift?

☐ Schreiben Sie nicht nur passiv von der Tafel ab, sondern notieren Sie auch die mündlichen Ausführungen des Dozenten.

☐ Benutzen Sie eingängige Abkürzungen für häufig vorkommende Fachbegriffe.

☐ Verzichten Sie zugunsten von Vollständigkeit und Übersichtlichkeit auf Sauberkeit und geschliffene Formulierungen.

☐ Schreiben Sie mit Bleistift und lassen Sie genügend Platz für spätere Ergänzungen.

☐ Unterliegen Sie auch im Zuge der Nachbereitung nicht der Versuchung, eine druckreife Fassung Ihrer Mitschrift anzufertigen.

5.2 Nachbereitung

Um zu verhindern, dass Sie in Vorlesungen und Übungen den Faden verlieren, müssen Sie jede einzelne Veranstaltung innerhalb von 36 Stunden nachbereiten. Grundlage für die Nachbereitung ist immer Ihre Mitschrift. Anhand der Mitschrift gehen Sie die jeweilige Veranstaltung noch einmal Schritt für Schritt durch und prüfen, ob Sie auch wirklich alles verstanden haben.

Versuchen Sie insbesondere, grundlegende Zusammenhänge, die in der Fülle der Details untergegangen sind, aufzudecken. Strukturieren Sie Ihre Mitschrift mithilfe von farbigen Markierungen, Pfeilen und zusätzlichen Bemerkungen so, dass der rote Faden sofort ins Auge springt. Kapitel- und Abschnittsüberschriften farbig zu unterstreichen, ist ebenfalls keine überflüssige Arbeit. Vergleichen Sie Ihre Mitschrift mit der Gliederung, die der Dozent in der ersten Veranstaltung als Umdruck verteilt hat, und tragen Sie gegebenenfalls noch fehlende Überschriften nach. Auf diese Weise behalten Sie den Überblick. Stellen Sie fest, dass der Dozent einen Abschnitt seiner Gliederung ganz übersprungen hat, fügen Sie die dazugehörige Überschrift zusammen mit einer entsprechenden Bemerkung dennoch in Ihre Mitschrift ein. Sofern der Dozent keine Gliederung verteilt hat, legen Sie eben selbst eine an. Sie können sogar die Seiten Ihrer Mitschrift durchnummerieren und die Gliederung durch Seitennummern zu einem richtigen Inhaltsverzeichnis ergänzen.

Alle Einzelheiten, die Sie nicht vollständig nachvollziehen können, müssen durch Gespräche mit Kommilitonen oder anhand von Lehrbüchern sofort geklärt werden. Falls das nicht zum Erfolg führt, können Sie sich auch an den Dozenten bzw. Übungsleiter wenden, indem Sie entweder dessen Sprechstunde nutzen oder ihn zu Beginn der nächsten Veranstaltung bitten, die unklar gebliebenen Stellen noch einmal zu erläutern.

Wenn Sie Verständnisschwierigkeiten nicht umgehend beseitigen, besteht die Gefahr, dass Sie bereits in der nächsten Vorlesung den auf den schwierigen Stellen aufbauenden Lernstoff ebenfalls nicht begreifen und spätestens nach zwei oder drei Wochen gänzlich den Anschluss verlieren. Sie kommen ja ohnehin nicht darum herum, die Probleme vor der nächsten Prüfung zu lösen. Und es ist nicht gerade motivierend, während der Prüfungsvorbereitung immer wieder auf Dinge zu stoßen, die man noch nicht richtig verstanden hat.

Am wenigsten hat man von der Nachbereitung, wenn man seine Mitschrift passiv durchliest und dabei lediglich ein paar Formeln, Jahreszahlen oder Fachausdrücke auswendig lernt. Wollen Sie den Lernstoff dauerhaft behalten, müssen Sie aktiv damit arbeiten. Komplizierte Formeln prägen sich beispielsweise besonders gut ein, wenn man sie einmal selbst hergeleitet oder zumindest im Rahmen einer Rechenaufgabe angewendet hat. Kausalketten und andere Zusammenhänge lassen sich nicht nur verbal, sondern auch als Diagramme aus miteinander durch Pfeile verbundenen Kästchen darstellen. Jahreszahlen veranschaulicht man zweckmäßigerweise auf einer Zeitachse zusammen mit anderen historischen Ereignissen, die nicht unbedingt mit dem Lernstoff in Verbindung stehen müssen.

Generell trägt die eigenständige Strukturierung des Lernstoffs in Form von Zeichnungen und Tabellen sowie die Niederschrift von selbst verfassten Merksätzen und Zusammenfassungen sehr zur Verbesserung des Verständnisses und zur Einprägsamkeit bei. Die schriftlichen Ergebnisse Ihrer Nachbereitung heften Sie am besten zusammen mit der Mitschrift ab, damit sie später bei der Prüfungsvorbereitung wieder zur Verfügung stehen.

✔ Was ist bei der Nachbereitung einer Veranstaltung zu tun?

☐ Überarbeiten Sie Ihre Mitschrift so, dass die Gliederung und die grundlegenden Zusammenhänge deutlich werden.

☐ Klären Sie alle Verständnisschwierigkeiten vollständig auf.

☐ Arbeiten Sie aktiv mit dem Lernstoff, indem Sie beispielsweise Formeln noch einmal selbstständig herleiten und sie in Rechenaufgaben anwenden.

☐ Veranschaulichen Sie komplizierte Zusammenhänge durch Diagramme und Tabellen.

5.3 Bearbeiten von Fachliteratur

Viele Studiengänge sind heutzutage bereits so sehr verschult, dass man als Student eigentlich nur selten in Lehrbücher und andere Fachliteratur hineinschauen muss. Das gilt vor allem im Grundstudium. Der prüfungsrelevante Lernstoff geht kaum über das hinaus, was in den Vorlesungen behandelt wird. Ledliglich im Zuge der Anfertigung von schriftlichen Arbeiten, wie etwa Seminararbeiten oder der Abschlussarbeit, kommt man nicht darum herum, sich intensiv mit Fachliteratur zu beschäftigen (vgl. dazu Kapitel 7).

> **Tipp:** Viele Professoren geben zu Beginn ihrer Vorlesungen Literaturlisten heraus, deren Inhalt gern als „Pflichtlektüre" bezeichnet wird. Diese Literaturlisten sind jedoch meist hoffnungslos überladen. Wenn Sie das alles lesen wollten, müssten Sie wahrscheinlich noch ein paar Semester dranhängen. Manche Fachbücher lesen sich zudem so zäh, dass es große Mühe kostet, bis zum Ende durchzuhalten. Im Übrigen ist kaum anzunehmen, dass Sie sich an alles Gelesene in den Examensprüfungen erinnern werden. Unterliegen Sie also nicht der Versuchung, Literaturlisten von vorn bis hinten abzuarbeiten, sondern wägen Sie den Nutzen jedes einzelnen Titels sorgfältig ab, bevor Sie sich intensiver damit beschäftigen.

Reine Lehrbücher sollten Sie grundsätzlich nur dann lesen, wenn sie wirklich gut geschrieben sind und überwiegend den prüfungsrelevanten Lernstoff abdecken oder zumindest sinnvoll ergänzen. Vor allem, wenn Sie aufgrund der mangelhaften pädagogischen oder gar fachlichen Qualitäten eines Dozenten auf die Teilnahme an dessen Vorlesungen verzichten, bietet sich als Alternative das Durcharbeiten eines guten Lehrbuchs an (vgl. dazu Kapitel 3.2, Langweilige Vorlesungen).

Die Lektüre von Spezialliteratur, insbesondere betont anspruchsvoller Aufsätze in Fachzeitschriften, lohnt sich hingegen meist nur dann, wenn sie der Professor ausdrücklich zur Prüfungsvorbereitung empfiehlt oder wenn Sie selbst ein besonderes Interesse an einem bestimmten Thema haben. Ein solches Interesse wird vor allem im Zuge der Anfertigung von schriftlichen Hausarbeiten, spätestens jedoch bei der Abschlussarbeit, entstehen (vgl. dazu Kapitel 7). Der Nutzen, den Sie aus der Bearbeitung sehr spezieller Themen ziehen, steht ansonsten meist in keinem Verhältnis zum Arbeitsaufwand. Das bedeutet natürlich nicht, dass Sie nicht ab und zu in den wichtigsten Fachzeitschriften blättern sollten, um sich über aktuelle Entwicklungen in Ihrem Fachgebiet zu informieren.

Die SQ3R-Methode

Das Durcharbeiten von Fachliteratur hat naturgemäß eine andere Zielsetzung als das Lesen von Zeitungen, Zeitschriften (außer Fachzeitschriften) oder Unterhaltungsliteratur. Folglich erfordert Fachliteratur auch eine gänzlich andere Lesetechnik. Dennoch lesen die meisten Studenten ein Fachbuch auf die gleiche Weise wie einen Roman: von vorn bis hinten, ohne etwas auszulassen und ohne irgendeinen Abschnitt mehrmals zu lesen. Das ist eine äußerst ineffiziente Lesetechnik, wenn es darum geht, sich neues Wissen anzueignen. Wie man Fachliteratur richtig liest, wird deshalb nachfolgend anhand der so genannten „SQ3R-Methode", die in fast jedem Ratgeber zum Thema Lernen empfohlen wird, gezeigt.

Mit der SQ3R-Methode liest man ein Fachbuch nicht in einem Zug, sondern abschnittsweise. Jeden Abschnitt arbeitet man in fünf Schritten durch. Deshalb wird die SQ3R-Methode gelegentlich auch als „5-Schritt-Methode" oder in einer Variante als „3-Schritt-Methode" bezeichnet. Die Anfangsbuchstaben der Bezeichnungen dieser fünf Schritte gaben der Methode ihren Namen:

- Survey (Überblick verschaffen)
- Question (Fragen stellen)
- Read (Lesen)
- Recite (Fragen beantworten)
- Review (Kontrolle)

1. Schritt: Überblick verschaffen

Bevor Sie sich eingehend mit einem Abschnitt beschäftigen, versuchen Sie zunächst, einen Überblick über den Inhalt zu gewinnen. Lesen Sie dazu am besten die Gliederungsüberschriften, sehen Sie sich eventuell vorhandene Abbildungen und Tabellen an und achten Sie auf Hervorhebungen, wie etwa fett gedruckte, eingerahmte oder grau hinterlegte Textstellen. Erst dann entscheiden Sie, ob Sie den Abschnitt überhaupt lesen wollen. Bringt Ihnen der Text nichts Neues oder ist der Inhalt für Sie nicht von Interesse, lassen Sie den Abschnitt einfach aus. Es wäre Zeitverschwendung, etwas zu lesen, was man schon weiß oder was man gar nicht zu wissen braucht. Anders als in Romanen bauen in einem typischen Fachbuch die einzelnen Kapitel und teilweise sogar die Abschnitte innerhalb eines Kapitels oft nur minimal aufeinander auf. Es ist also in der Regel durchaus möglich, einzelne Abschnitte zu überspringen, ohne später den Faden zu verlieren. Sofern das doch passiert, springen Sie eben wieder zurück und holen den ausgelassenen Abschnitt nach.

2. Schritt: Fragen stellen

Nachdem Sie den Abschnitt überflogen und sich entschieden haben, ihn zu lesen, überlegen Sie sich, was Sie von dem Text wissen wollen. Stellen Sie drei bis fünf konkrete Fragen an den Text, deren zugehörige Antworten Sie noch nicht wissen, von denen Sie aber glauben, dass sie durch die Lektüre des Abschnitts beantwortet werden. Damit Ihnen die Fragen nicht entfallen, schreiben Sie sie auf.

Tipp: Richtige Antworten zu geben, ist häufig einfacher, als die richtigen Fragen zu stellen. Solange Sie die SQ3R-Methode noch nicht richtig beherrschen, dürfte Ihnen gerade der zweite Schritt besondere Schwierigkeiten bereiten. Lassen Sie sich aber auch durch selbst gestellte Fragen, die sich im Nachhinein als vollkommen abwegig erweisen, nicht entmutigen. Mit der Zeit wird Ihnen das Fragenstellen immer leichter fallen, und Sie werden zielsicher genau die Fragen stellen, deren Antworten Ihnen der Text liefert.

3. Schritt: Lesen

Lesen Sie nun den Abschnitt durch und suchen Sie dabei insbesondere die Antworten auf die im Schritt 2 gestellten Fragen. Wegen der guten Vorbereitung gehen Sie viel bewusster und konzentrierter an den Text heran, als wenn Sie sofort mit dem Lesen begonnen hätten. Unwichtige Stellen dürfen Sie ohne weiteres auslassen, nicht jedoch die Gliederungsüberschriften. Letztere dienen Ihnen gewissermaßen als Wegweiser durch den Text und helfen Ihnen, den Überblick zu bewahren.

4. Schritt: Fragen beantworten

Nach dem Lesen des Abschnitts legen Sie das Buch beiseite und wenden sich Ihren schriftlich formulierten Fragen zu. Sie müssten jetzt in der Lage sein, die Fragen zu beantworten. Schreiben Sie die Antworten am besten direkt unter die zugehörigen Fragen. Falls Sie eine Antwort nicht wissen, schauen Sie nicht sofort im Buch nach, sondern versuchen Sie, wenigstens einen Teil der betreffenden Frage zu beantworten.

5. Schritt: Kontrolle

Im letzten Schritt schlagen Sie das Buch wieder auf und prüfen, ob Sie alle Fragen richtig beantwortet haben. Bei falschen oder fehlenden Antworten lesen Sie die entsprechenden Textstellen noch einmal durch und machen dann die notwendigen Korrekturen und Ergänzungen in Ihren Aufzeichnungen. Sofern Sie mit Ihren Fragen nicht zufrieden sind, formulieren Sie sie um, streichen unpassende Fragen oder schreiben zusätzliche Fragen und deren Antworten auf. Erst wenn Sie Fragen und

Antworten vollständig überarbeitet haben, machen Sie sich nach einer angemessenen Pause an den nächsten Abschnitt.

Die SQ3R-Methode zwingt zu einer wesentlich intensiveren Auseinandersetzung mit dem Text. Durch die gezielte Formulierung von Fragen und Antworten entwickeln Sie weitaus mehr Aktivitäten als beim normalen Durchlesen eines Buchs. Zwar kostet die Bearbeitung eines einzelnen Abschnitts mit der SQ3R-Methode mehr Zeit, doch die holen Sie durch das Überspringen unwichtiger Abschnitte leicht wieder heraus. Außerdem werden Sie von einem derart intensiv durchgearbeiteten Fachbuch weitaus mehr behalten, als wenn Sie das Buch nur von vorn bis hinten durchgelesen hätten.

Erhöhung des Lesetempos

Wer sehr viel zu lesen hat, sollte sich mit der Anwendung der SQ3R-Methode nicht begnügen, sondern sich zusätzlich Techniken aneignen, die unter Bezeichnungen wie „Schnelllesen", „Flächenlesen" oder „dynamisches Lesen" bekannt sind. Mithilfe dieser Lesetechniken ist es möglich, beliebige Texte wesentlich schneller zu lesen, ohne dass das Verständnis unter der hohen Geschwindigkeit leidet. Die Erhöhung des Lesetempos geht also nicht zwangsläufig mit einer verminderten Gründlichkeit einher.

Tipp: Schnelllesen können Sie sowohl in speziellen Lehrgängen als auch im Selbststudium anhand von Büchern erlernen. Da diese Techniken erheblich komplizierter sind als die SQ3R-Methode, gibt es hier nur einige Literaturempfehlungen:

☐ Demann, Frank W.: Highspeed Reading. Die Hochgeschwindigkeits-Lesemethode für das Informationszeitalter. 2. Aufl. Offenbach a. M.: Gabal, 2001.

☐ Emlein, Günther; Kasper, Wolfgang A.: FlächenLesen. Die Vielfalt der Schnell-Lesetechniken nutzen. Kirchzarten: VAK, 2000.

☐ Scheele, Paul R.: PhotoReading. Die neue Hochgeschwindigkeits-Lesemethode in der Praxis. 4. überarb. u. erg. Aufl. Paderborn: Junfermann, 2001.

☐ Backwinkel, Holger; Sturtz, Peter: Schneller lesen. Zeit sparen, das Wesentliche erfassen, mehr behalten. 2. durchgeseh. Aufl. Freiburg i. B.: Haufe, 2002.

Notizen, Randbemerkungen und Markierungen

Wer mit der SQ3R-Methode nicht zurechtkommt, sollte sich beim Durcharbeiten von Lehrbüchern und anderer Fachliteratur dennoch nicht auf das Lesen beschränken. Die meisten Informationen, die man durch einmaliges Lesen aufnimmt, werden nämlich schnell wieder vergessen. Damit das Gelesene wirklich in Ihrem Gedächtnis haften bleibt, müssen Sie es zusätzlich vertiefen. In manchen Lehrbüchern befinden sich Übungsaufgaben oder Kontrollfragen, deren Lösung bzw. Beantwortung sich zur Vertiefung des Inhalts eignet. Indem Sie das Gelesene unmittelbar anhand von konkreten Problemstellungen anwenden, können Sie gleichzeitig überprüfen, ob Sie alles richtig verstanden haben.

Die meisten Fachbücher und Aufsätze in Fachzeitschriften enthalten jedoch weder Aufgaben noch Fragen. In solchen Fällen empfiehlt es sich, während des Lesens Notizen zu machen und diese wenig später noch einmal durchzugehen. In Ihren eigenen Büchern und auf Fotokopien können Sie stattdessen auch direkt Randbemerkungen anbringen oder wichtige Passagen durch farbige Markierungen hervorheben.

Tipp: Der Gebrauch von Textmarkern wird häufig übertrieben. Oft kann man beobachten, dass Kommilitonen ihre Zeit damit verbringen, ganze Bücher bunt anzumalen, also fast jeden Satz in irgendeiner Farbe zu kennzeichnen. Das ist ein Zeichen dafür, dass sie nicht in der Lage sind, Wichtiges von Unwichtigem zu unterscheiden. Wer den gesamten Inhalt eines Buchs für wichtig hält, braucht schließlich nicht jeden Satz einzeln hervorzuheben. Um längere Passagen zu markieren, kann man auch einen senkrechten Balken neben den Text malen. Das geht schneller und beeinträchtigt nicht die Lesbarkeit des Textes. Die farbigen Markierungen sollen ja nur helfen, den roten Faden zu finden und sich beim zweiten Durcharbeiten des Textes auf die wichtigen Stellen zu konzentrieren.

Dass Sie Randbemerkungen und Markierungen in fremden Büchern nicht anbringen dürfen, versteht sich von selbst. Sie müssen sich die entsprechenden Bücher also entweder selbst kaufen oder fotokopieren. Fachbücher sind jedoch oft sehr teuer. Die Anfertigung von Kopien ist, abgesehen von der Verletzung des Urheberrechts, ebenfalls nicht ganz billig und erfordert darüber hinaus viel Zeit. Zudem sammelt sich in Form von Büchern und Ordnern voller Fotokopien im Laufe des Studiums eine Menge Papier in der meist ohnehin recht engen Studentenbude an. Kaufen Sie deshalb prinzipiell nur solche Bücher, die nicht in der Bibliothek stehen oder die zumindest als herausragende Standardwerke gelten. Auch reine Nachschlagewerke können sich als sehr nützlich erweisen, wenn Sie zu Hause ständig griffbereit sind.

Beim Kopieren sollten Sie sich auf diejenigen Kapitel oder Abschnitte beschränken, die Sie wirklich intensiv durcharbeiten wollen. Das gilt nicht nur für Bücher, sondern auch für alle anderen schriftlichen Unterlagen, wie etwa Vorlesungsmitschriften, Aufgabensammlungen, Aufsätze aus Fachzeitschriften usw. Es ist eine Unsitte, alles, was einem schriftlich in die Hände kommt, blindlings zu kopieren und abzuheften. Die meisten Fotokopien sind vollkommen überflüssig und kosten nicht nur Platz, Zeit und Geld, sondern belasten darüber hinaus auch die Umwelt.

Wenn Sie Texte lesen, auf die Sie auch später noch problemlos Zugriff haben, insbesondere also die Bücher in der Bibliothek, sind separate Notizen gegenüber mit Randbemerkungen und Markierungen versehenen Fotokopien immer vorzuziehen. Notizen erfordern sorgfältigere Arbeit, sind übersichtlicher und beanspruchen weniger Platz als der vollständige Text. Der genaue Wortlaut einzelner Textpassagen lässt sich schließlich jederzeit nachschlagen, sofern Sie die Seiten- oder Gliederungsnummern notiert haben.

Tipp: Sofern Sie viel in Lesesälen arbeiten, sollten Sie die Anschaffung eines portablen PCs in Erwägung ziehen. Sie können Ihre Notizen dann auch im Lesesaal direkt in den PC eingeben und sparen sich so den Umweg übers Papier. Für die Arbeit mit Texten ist ein preiswertes Modell älterer Generation vollkommen ausreichend. Beim Erwerb eines gebrauchten Geräts ist allerdings Vorsicht geboten, weil die Kapazität der Akkus häufig nachgelassen hat, sodass Sie nur eine vergleichsweise kurze Zeit ohne Steckdose damit arbeiten können. Taschen-PCs sind für die Eingabe von Texten grundsätzlich nicht geeignet, weil sie über keine zweckmäßige Tastatur verfügen.

Karteisysteme

Die im Zuge des Durcharbeitens von Fachliteratur angefertigten Notizen können Sie auch auf Karteikarten schreiben, die Sie nach bestimmten Kriterien sortieren. Sie schaffen sich auf diese Weise eine Kartei mit Informationen über alle Texte, die Sie im Verlauf Ihres Studiums gelesen haben. Bei guter Gestaltung der einzelnen Karten und systematischem Aufbau der gesamten Kartei ist es später ein Leichtes, auf bereits gelesene Literaturstellen zurückzugreifen. Als besonders vorteilhaft erweist sich auch in dieser Hinsicht die SQ3R-Methode, weil dabei ganz nebenbei eine Kartei mit möglichen Prüfungsfragen und -antworten entsteht, die später bei der Prüfungsvorbereitung von unschätzbarem Wert ist.

Damit Sie Ihre Karteikarten richtig einordnen können und die zugehörigen Literaturstellen später ohne weiteres wiederfinden, sollte jede Karte neben der eigentlichen Notiz mindestens folgende Angaben enthalten:

- die zugehörige Vorlesung oder das Fachgebiet (natürlich abgekürzt),
- eine Liste von Schlagworten,
- die Quelle (Titel, Autor und evtl. die Standnummer in der Bibliothek) und
- die Seiten- oder Gliederungsnummer innerhalb der Quelle.

Farbige Karteikarten können die Übersichtlichkeit erhöhen, indem Sie beispielsweise für jedes Fachgebiet eine andere Farbe oder verschiedene Farben für verschiedene Arten von Literaturquellen oder Notizen verwenden. Antworten zu Fragen schreiben Sie sinnvollerweise auf die Rückseite der Karteikarten.

Anhänger moderner Technik möchten ihre Karteien natürlich lieber in einem PC führen. Am einfachsten ist es, wenn Sie für jede „Karteikarte" eine separate Textverarbeitungsdatei anlegen. Falls erforderlich, können die Dateien auch Zeichnungen, Bilder und Diagramme enthalten. Jede Gruppe von zusammengehörigen Dateien speichern Sie in Analogie zu einem Karteikasten in einem eigenen Verzeichnis auf der Festplatte.

Gegenüber traditionellen Karteikästen hat eine solche elektronische Kartei entscheidende Vorteile. Änderungen auf einzelnen Karten sind jederzeit möglich, ohne hässliche Spuren, wie durchgestrichene Passagen oder Tipp-Ex, zu hinterlassen. Dateien lassen sich zudem sehr schnell kopieren, ausdrucken, nach wechselnden Kriterien sortieren und vor allem automatisch durchsuchen. Die Suchfunktion Ihres PCs ermöglicht es, jeden einzelnen Karteikasten oder auch alle Karteikästen gemeinsam nach Stichworten zu durchsuchen und die passenden Karteikarten anzuzeigen. Das geht erheblich schneller als in einer traditionellen Kartei, wo man oft minutenlang nach einer bestimmten Karte suchen muss.

✔ **Wie arbeitet man Fachliteratur durch?**

☐ Lesen Sie Fachbücher unter Anwendung der SQ3R-Methode.

☐ Erlernen Sie eine Schnelllesetechnik, wenn Sie in Ihrem Studium sehr viel zu lesen haben.

☐ Nutzen Sie jede Gelegenheit, das Gelesene durch die Lösung von Übungsaufgaben und die Beantwortung von Kontrollfragen zu vertiefen.

☐ Machen Sie sich beim Lesen Notizen und vergessen Sie nicht, dabei auch einen Quellenverweis aufzuschreiben.

☐ Erstellen Sie aus Ihren Notizen eine nach sachlichen Kriterien geordnete Kartei.

5.4 Verbesserung der Konzentrationsfähigkeit

Mit der eigenen Konzentrationsfähigkeit sind die wenigsten Studenten zufrieden. Wer kennt nicht die typische Situation, schlecht gelaunt am Schreibtisch zu sitzen und keinen klaren Gedanken fassen zu können? Konzentrationsmängel lassen sich durch einige einfache Maßnahmen bekämpfen:

- Entwicklung von Interesse
- Gestaltung der Arbeitsumgebung
- Optimale Lernzeiten
- Ausreichende Pausen
- Abwechslungsreiche Arbeitsgestaltung

Entwicklung von Interesse

Ein grundsätzliches Interesse am gewählten Studienfach dürfte zweifellos jeder Student haben. Dennoch wird es immer einzelne Prüfungsfächer geben, die als langweilig, überflüssig oder zu theoretisch empfunden werden. Solche Fächer gibt es besonders im Grundstudium. Sie liefern nur die theoretischen Grundlagen für das Hauptstudium und sind deshalb naturgemäß etwas trocken. Gerade Studienanfänger, die sich voller Begeisterung für ihr Studienfach sofort auf die interessantesten Themen stürzen wollen, sind oft enttäuscht, wenn ihnen zunächst nur Systematisierungen, Lehrsätze und Formeln geboten werden. Leider sind die entsprechenden Vorlesungen häufig auch noch deutlich schlechter als im Hauptstudium. Dozenten, die jedes Semester aufs Neue den gleichen Anfänger-Lernstoff vortragen müssen, sind nun einmal wenig geneigt, sich Mühe zu geben und spannende Vorlesungen zu halten.

In den meisten Studiengängen gibt es bestimmte Prüfungsfächer, wie etwa Mathematik in den Wirtschafts- und Ingenieurwissenschaften, die als fachfremd und überflüssig gelten und nach einer oft nur knapp bestandenen Prüfung mit einem großen Seufzer ad acta gelegt werden. Diese Prüfungsfächer sind häufig nicht einmal besonders schwierig. Es kostet lediglich mehr Willenskraft, sich mit einem subjektiv uninteressanten Lernstoff auseinander zu setzen und sich selbst zur Aufmerksamkeit in den Veranstaltungen anzuhalten bzw. sich zum Lernen aufzuraffen. Bei interessanten Fächern fällt einem das natürlich wesentlich leichter.

Reden Sie sich deshalb niemals selbst ein, ein Prüfungsfach sei langweilig. Je mehr Interesse Sie für ein Fach aufbringen können, desto leichter fällt Ihnen die Arbeit, desto besser behalten Sie den Lernstoff und umso müheloser werden Sie schließlich die Prüfung bestehen. Von Natur aus langweilige Fachgebiete gibt es nicht, denn sonst würde sich auch kein Professor bereit erklären, sich mit ihnen zu beschäftigen. Wenn Ihnen eine Vorlesung langweilig vorkommt, liegt das entweder am Dozenten oder an Ihren eigenen Vorurteilen dem Fachgebiet gegenüber. Einem wirklich guten Dozenten wird es stets gelingen, bei der Mehrheit seiner Hörer Interesse zu wecken. Ist dies nicht der Fall, versuchen Sie zumindest, durch Mitarbeit und sorgfältige Nachbereitung den Faden nicht zu verlieren. Oft ist allein fehlendes Verständnis für die Thematik die Ursache für das Gefühl, die Vorlesung sei langweilig.

Lassen Sie sich auch von niemandem einreden, ein Fach sei ganz oder teilweise überflüssig. Argumente wie „Das brauchen wir doch später nie wieder ..." gelten allenfalls für konkrete Einzelheiten des Lernstoffs. Auf grundlegende Techniken und Denkweisen, die man sich auch in scheinbar überflüssigen Fächern ganz nebenbei und eher unbemerkt aneignet, treffen solche Behauptungen hingegen nicht zu. So werden beispielsweise in den Anfängervorlesungen zur Mathematik für Ingenieure die meisten der dort behandelten mathematischen Sätze exakt bewiesen, obwohl nicht einmal von Mathematikern in deren Berufspraxis jemals der Beweis auch nur eines dieser Sätze verlangt wird. Hier geht es vielmehr um die Vermittlung eines Gefühls für mathematische Zusammenhänge, das die angehenden Ingenieure in die Lage versetzen soll, sich anhand wissenschaftlicher Fachliteratur selbstständig in vollkommen neue Wissensgebiete einzuarbeiten.

Interesse am jeweiligen Aufgabengebiet ist immer die grundlegende Voraussetzung der Konzentrationsfähigkeit. Gelingt es Ihnen, eine positive Einstellung zum Lernstoff zu gewinnen, werden Sie erheblich weniger Schwierigkeiten mit dem jeweiligen Prüfungsfach haben. Außerdem bleibt Ihnen die Frustration erspart, sich zwangsweise mit einem aus Ihrer Sicht langweiligen Fach beschäftigen zu müssen.

> **Tipp:** Sehr wahrscheinlich wird es aber dennoch das eine oder andere Prüfungsfach geben, dem Sie beim besten Willen nichts abgewinnen können. Trifft dies allerdings für mehr als ein Drittel aller Fächer zu, sollten Sie sich ernsthaft fragen, ob Sie das richtige Studienfach gewählt haben. Es ist zweifellos besser, nach ein oder zwei Semestern in einen anderen Studiengang zu wechseln und die verlorene Zeit als Lehrgeld abzuschreiben, als sich während des gesamten Studiums und darüber hinaus sogar ein ganzes Berufsleben lang mit Dingen zu beschäftigen, die einen nicht interessieren.

Gestaltung der Arbeitsumgebung

Voraussetzung für jede Art konzentrierter geistiger Arbeit ist eine geeignete Arbeitsumgebung. Wer sich im Bus bzw. in der U-Bahn, auf einer Parkbank oder gar im Freibad mit seinen Büchern und Mitschriften beschäftigt, wird gewiss nicht die gleiche Konzentration aufbringen können wie jemand, der an einem Schreibtisch in einem eigenen, optimal eingerichteten Arbeitszimmer lernt.

Die ideale Arbeitsumgebung ist ein Raum, in dem ausschließlich gearbeitet wird. Schon die Möblierung, bestehend aus einem großen Schreibtisch mit PC, einem ergonomischen Bürostuhl und Bücherregalen, lässt überhaupt keine andere Tätigkeit als Arbeiten zu. Alles, was von der Arbeit ablenken könnte, wie etwa Stereoanlage, Fernseher, Zeitschriften oder Poster, sind hier fehl am Platz. Angemessene Belüftung, Beleuchtung, Raumtemperatur und vor allem Ruhe und Ungestörtheit tun ein Übriges, um in einem solchen Raum eine besondere Arbeitsatmosphäre aufkommen zu lassen, die sich sehr förderlich auf die Konzentration und die Motivation auswirkt.

In der Realität sind nur die wenigsten Studenten in der Lage, sich derart günstige Arbeitsbedingungen zu schaffen. Wahrscheinlich werden auch Sie eher zu denjenigen gehören, die nur über ein einziges kombiniertes „Wohn-Schlaf-Arbeitszimmer" verfügen. Richten Sie sich in diesem Fall zumindest eine Arbeitsecke ein, in der wirklich nur gearbeitet wird. Ein großer, aufgeräumter Schreibtisch, an dem alle Arbeitsutensilien griffbereit sind, bietet bereits gute Voraussetzungen für konzentriertes Arbeiten. Versuchen Sie außerdem, mit Ihren Mitbewohnern besondere Ruhezeiten zu vereinbaren, in denen Sie ungestört arbeiten können.

Falls sich auch das nicht realisieren lässt, bietet sich als Alternative noch die Arbeit im Lesesaal der Bibliothek an. Dort herrscht normalerweise eine recht gute Arbeitsatmosphäre. Suchen Sie sich, wenn möglich, eine ruhige Ecke des Lesesaals als Stammplatz aus, in der Sie von der ständigen Bewegung und dem Geräuschpegel im Saal einigermaßen abgeschirmt sind. Gespräche und Diskussionen mit Kommilitonen sollten Sie, auch wenn sie im Flüsterton geführt werden, auf ein Minimum beschränken. Fühlen Sie sich selbst durch Unterhaltungen anderer gestört, genügt in der Regel eine höflich formulierte Bitte um Ruhe. Die meisten Ihrer Kommilitonen werden dafür Verständnis haben und ihre Unterhaltung einstellen oder an einem anderen Ort fortsetzen.

Optimale Lernzeiten

Die Konzentrationsfähigkeit jedes Menschen unterliegt im Tagesverlauf deutlichen Schwankungen. Sie werden sicherlich schon die Erfahrung gemacht haben, dass Sie am frühen Nachmittag, besonders nach einem ausgiebigen Mittagessen, Müdigkeit überkommt und Sie sich schlechter konzentrieren können als am Vormittag. Am Nachmittag steigt die Konzentrationsfähigkeit der meisten Menschen wieder an, erreicht aber nicht mehr das gleiche Niveau wie am Vormittag. Gegen Abend fällt sie im Allgemeinen abermals deutlich ab und erreicht schließlich kurz vor dem Schlafengehen das absolute Minimum. Abb. 16 zeigt einen typischen Verlauf der Konzentrationsfähigkeit im Verlauf eines Tages.

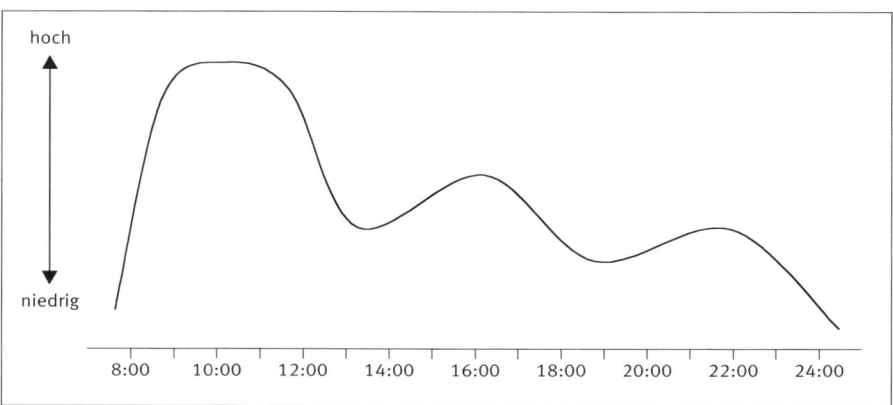

Abb. 16: Typischer Verlauf der Konzentrationsfähigkeit während eines Tages

Der exakte Verlauf der Konzentrationsfähigkeit während eines Tages ist natürlich individuell sehr verschieden und hängt darüber hinaus auch davon ab, wann jemand morgens aufsteht, wie gut er gefrühstückt hat, ob ihn persönliche Probleme quälen usw. Es ist jedoch unumstritten, dass die Konzentrationsfähigkeit zeitlichen Schwankungen unterliegt und insbesondere an jedem Tag mehrere Höhepunkte und Tiefpunkte hat.

Um Nutzen aus diesen Erkenntnissen zu ziehen, sollten Sie die Abhängigkeit Ihrer Konzentrationsfähigkeit von der Tageszeit zumindest in groben Zügen kennen.

Anders als die meisten Berufstätigen haben Sie als Student die Möglichkeit, Ihren Tagesablauf weitgehend selbst zu gestalten. An feste Termine sind Sie normalerweise nur beim Besuch von Veranstaltungen und Prüfungen gebunden. Diese Freiheit erlaubt es Ihnen, sich bei der alltäglichen Verteilung der zu erledigenden Arbeiten am Verlauf Ihrer Konzentrationsfähigkeit zu orientieren. Erledigen Sie also anspruchsvolle Arbeiten grundsätzlich zu Tageszeiten, an denen Ihre Konzentrationsfähigkeit hoch ist, und beschäftigen Sie sich während eines Leistungstiefs allenfalls mit einfachen Routinetätigkeiten wie etwa dem Durchblättern von Fachzeitschriften oder dem Ordnen Ihrer Unterlagen.

Da die Konzentrationsfähigkeit, abgesehen von ihren typischen Schwankungen, tendenziell im Verlauf eines Tages abnimmt, sollten Sie versuchen, Ihr tägliches Arbeitspensum möglichst bis zum späten Nachmittag zu erfüllen. Je früher Sie fertig sind, desto mehr Freizeit können Sie am Abend genießen. Wenn Sie dagegen bevorzugt abends oder gar nachts arbeiten, sollten Sie bedenken, dass Sie dann nicht nur eine durch ein ausgeprägtes Leistungstief bedingte geringe Arbeitseffizienz in Kauf nehmen, sondern auch nie richtig Feierabend haben. Die Aussicht auf die am Abend noch zu erledigende Arbeit kann Ihnen regelmäßig tagsüber die Freude an Ihren Freizeitbeschäftigungen verderben.

! Tipp: Ein besonderes Problem sind Klausuren oder mündliche Prüfungen, die zeitlich mit einem ausgeprägten Leistungstief zusammenfallen. In solchen Fällen ist es ratsam, den gesamten Tagesablauf einfach um ein oder zwei Stunden zu verschieben.

Findet beispielsweise von 14 bis 16 Uhr eine wichtige Klausur statt und wissen Sie aus Erfahrung, dass gerade in dieser Zeit Ihre Konzentrationsfähigkeit auf dem Tiefpunkt ist, so empfiehlt es sich, am Vortag früh ins Bett zu gehen und dafür eine Stunde früher aufzustehen. Wenn Sie dann spätestens gegen 12 Uhr ein nicht zu reichliches Mittagessen zu sich nehmen, dürfte das gewohnte Leistungstief mit Beginn der Klausur bereits überwunden sein, und Sie können das Leistungshoch des Nachmittags voll ausnutzen. Findet die Klausur dagegen zwei Stunden früher statt, also von 12 bis 14 Uhr, bleiben Sie morgens lieber etwas länger als gewohnt im Bett und genehmigen sich ein ausgiebiges Frühstück, das bis 14 Uhr vorhält. Aufgrund der damit erreichten zeitlichen Streckung des Vormittags fällt die Klausur noch in das erste Leistungshoch des Tages.

Ausreichende Pausen

Zwischen einzelnen Veranstaltungen liegt meist eine Pause von 15 oder 30 Minuten. Manche Dozenten legen sogar in der Mitte einer zweistündigen Vorlesung bzw. Übung eine fünfminütige Verschnaufpause ein.

Um Ihre Konzentrationsfähigkeit auch bei der Arbeit am Schreibtisch oder im Lesesaal über längere Zeit aufrechtzuerhalten, sollten Sie mehrstündige Arbeiten regelmäßig durch kurze Pausen unterbrechen. Arbeits- und Pausendauer bestimmen Sie nach Ihren eigenen Bedürfnissen. Als Richtwert kann eine Arbeitsdauer von einer Stunde und eine Pausendauer von 15 Minuten empfohlen werden. Sie können sich auch ein System von gestaffelten Pausen, also etwa fünf Minuten Pause nach je einer halben Stunde Arbeit, zehn Minuten Pause nach jeder vollen Stunde Arbeit und 20 Minuten Pause nach zwei Stunden Arbeit, überlegen. Nach drei bis vier Stunden Arbeit ist in jedem Fall eine mindestens einstündige Pause einzulegen.

Unterlassen Sie in den kürzeren Pausen aber nach Möglichkeit alles, was Sie von Ihrer nächsten Arbeit ablenken könnte. Diskutieren Sie beispielsweise keine persönlichen Probleme mit Kommilitonen bzw. Mitbewohnern, lesen Sie keine Zeitung, hören Sie keine Rundfunknachrichten oder Ähnliches. Ideal sind hingegen alle Beschäftigungen, die keinerlei geistiger Verarbeitung bedürfen, etwa ein belangloses Schwätzchen, zweites Frühstück, Kaffee trinken, ein bisschen Hausarbeit oder ein kurzer Spaziergang.

Abwechslungsreiche Arbeitsgestaltung

Wenn Sie schon einmal mehrere Stunden hintereinander in einem Lehrbuch gelesen haben, dann wissen Sie, dass dabei Ihre Konzentrationsfähigkeit mit der Zeit abnimmt. Selbst wenn Sie zwischendurch kurze Pausen einlegen, dürfte Ihre Aufnahmekapazität spätestens nach drei bis vier Stunden erschöpft sein. Lesen Sie dann noch weiter, können Sie nur noch einen immer geringer werdenden Teil des dargebotenen Lernstoffs verarbeiten und behalten. Um derartige Ermüdungserscheinungen zu vermeiden, sollten Sie rechtzeitig aufhören und sich im Anschluss an eine angemessene Pause einer gänzlich anderen Arbeit zuwenden.

Die Forderung nach Abwechslung gilt nicht nur in Bezug auf die Beschäftigung mit Lehrbüchern und Fachzeitschriften, sondern auch für andere Tätigkeiten, wie etwa den Besuch von Vorlesungen und Übungen, das Durcharbeiten von Mitschriften, Gruppenarbeit usw. Aus gutem Grund sind Veranstaltungen, die länger als 90 Minuten dauern, relativ selten. Nur wenige Dozenten muten sich und ihren Hörern eine drei- oder gar vierstündige Marathonvorlesung zu. Vorlesungen mit mehr als zwei Wochenstunden werden in der Regel auf mehrere Termine verteilt.

An Vorlesungstagen kommt die erforderliche Abwechslung deshalb ganz von allein zustande. In den Semesterferien und am Wochenende müssen Sie dagegen selbst für Abwechslung sorgen. Nehmen Sie sich nach Möglichkeit nie nur ein einziges Fach vor, sondern arbeiten Sie jeden Tag an mindestens zwei Prüfungsfächern. Die weit verbreitete Technik, in den Semesterferien erst eine Woche für ein bestimmtes Fach zu lernen, dann eine Woche für ein anderes und eine weitere Woche für ein drittes Fach usw., ist ziemlich ineffizient. Erstens müssen Sie sich dann zwecks Erfüllung des vorgegebenen Arbeitspensums länger als drei Stunden am Tag mit einem einzigen Fach beschäftigen. Und zweitens dürften Sie gegen Ende des gesamten Lernprogramms einen Teil des in der ersten Woche erarbeiteten Lernstoffs schon wieder vergessen haben, weil Sie in der dazwischenliegenden Zeit ausschließlich mit anderen Fächern zu tun hatten.

Statt beispielsweise für drei Fächer je eine Woche lang viereinhalb Stunden am Tag zu lernen, arbeiten Sie idealerweise drei Wochen lang täglich eineinhalb Stunden für jedes der drei Fächer, vielleicht sogar in täglich oder wöchentlich wechselnder Reihenfolge. Dadurch haben Sie an jedem einzelnen Tag genug Abwechslung. Gleichzeitig bleiben alle drei Fächer bis zur letzten Woche Bestandteil Ihres Lernprogramms, sodass der bereits durchgearbeitete Lernstoff weniger leicht in Vergessenheit gerät.

Doch nicht nur durch die Beschäftigung mit verschiedenen Prüfungsfächern, sondern auch durch die Kombination unterschiedlicher Tätigkeiten können Sie Ihre tägliche Arbeit abwechslungsreicher gestalten. Ausschließlich anhand von Vorlesungsmitschriften zu lernen, ist auf Dauer auch dann recht eintönig, wenn Sie sich abwechselnd Mitschriften aus verschiedenen Vorlesungen vornehmen. Lockern Sie Ihre Arbeit also auf, indem Sie zusätzlich in Lehrbüchern lesen, Übungsaufgaben lösen oder sich mit Kommilitonen zur Gruppenarbeit treffen. Diese Art von Abwechslung ist insbesondere dann angebracht, wenn Sie während der Semesterferien eine schriftliche Hausarbeit anfertigen müssen, denn die parallele Beschäftigung mit anderen Fächern verbietet sich während der meist knapp bemessenen Bearbeitungszeit von selbst (vgl. dazu Kapitel 7.3).

Während der Vorlesungszeit brauchen Sie sich um abwechslungsreiche Arbeitsgestaltung weniger Gedanken zu machen, weil die in Ihrem Stundenplan vorgesehenen Vorlesungen, Übungen, Laborpraktika und Seminare zusammen mit der ergänzenden Nachbereitung bereits genügend Abwechslung bieten.

> ## ✔ Was ist bei mangelnder Konzentrationsfähigkeit zu tun?
>
> ☐ Versuchen Sie, auch für subjektiv langweilige Prüfungsfächer Interesse zu entwickeln.
>
> ☐ Lassen Sie sich von niemandem einreden, ein Prüfungsfach sei im Rahmen Ihres Studiums überflüssig.
>
> ☐ Richten Sie sich eine Arbeitsecke ein, in der ausschließlich gearbeitet wird.
>
> ☐ Vereinbaren Sie mit Ihren Mitbewohnern Ruhezeiten, in denen Sie ungestört arbeiten können.
>
> ☐ Verrichten Sie anspruchsvolle Arbeiten vorwiegend zu den Tageszeiten, an denen Ihre Konzentrationsfähigkeit erfahrungsgemäß am höchsten ist.
>
> ☐ Erledigen Sie Ihr tägliches Arbeitspensum möglichst bis zum späten Nachmittag.
>
> ☐ Stellen Sie Ihren Tagesablauf vorübergehend um, wenn Klausuren oder mündliche Prüfungen in Zeiten fallen, in denen Sie normalerweise ein Leistungstief haben.
>
> ☐ Unterbrechen Sie Ihre Arbeit regelmäßig durch kurze Verschnaufpausen.
>
> ☐ Gestalten Sie Ihre Arbeit abwechslungsreich, indem Sie jeden Tag für mehrere Fächer lernen und unterschiedliche Lerntechniken anwenden.

5.5 Gruppenarbeit

Gruppenarbeit ist zweifellos eine sehr sinnvolle Ergänzung zum Besuch von Veranstaltungen und zur Schreibtischarbeit. Gemeinsam mit einem oder mehreren Kommilitonen rekapitulieren Sie den Lernstoff der letzten Vorlesungen, lösen Übungsaufgaben oder diskutieren aktuelle Probleme aus Ihrem Fachgebiet. In manchen Veranstaltungen, insbesondere in Laborpraktika, wird sogar explizit in Gruppen gearbeitet.

Es ist allerdings nicht immer leicht, geeignete Leute für die Gruppenarbeit zu finden. Damit alle Teilnehmer in gleichem Maße von den gemeinsamen Sitzungen profitieren, sollte deren Kenntnisstand nicht allzu unterschiedlich sein. Ein Gruppenmitglied mit vergleichsweise geringen Fachkenntnissen könnte sich schon bald als Bremsklotz der Gruppe erweisen. Umgekehrt übernähme ein Mitglied mit überdurchschnittlich hohen Fachkenntnissen früher oder später eine Art Führungsrolle und würde die anderen überfordern. Geht es aber stets den einen zu schnell und den anderen zu langsam, kommt es zwangsläufig immer öfter zu unschönen Auseinandersetzungen. Die Gruppe würde schließlich irgendwann auseinander brechen.

Suchen Sie deshalb potenzielle Gruppenmitglieder nicht ausschließlich in Ihrem Bekanntenkreis, sondern sprechen Sie auch gezielt fremde Kommilitonen an, von denen Sie den Eindruck haben, dass deren Kenntnisstand Ihrem eigenen Niveau ungefähr entspricht. Ob jemand in den Veranstaltungen gut mithalten kann oder des Öfteren Verständnisschwierigkeiten hat, bekommen Sie in der Regel schnell mit. Natürlich sollte auch ein Mindestmaß an gegenseitiger Sympathie vorhanden sein, bevor man sich zur gemeinsamen Arbeit entschließt.

Eine aus drei oder vier Mitgliedern bestehende Gruppe hat gerade die richtige Größe. In größeren Gruppen kommt der Einzelne zu selten zu Wort. Außerdem wird die Terminabsprache mit wachsender Gruppengröße immer schwieriger. Um sich nicht vor jedem Gruppentreffen erneut mit allen Teilnehmern über Ort und Zeit einigen zu müssen, empfiehlt es sich, einen oder mehrere regelmäßige Termine pro Woche und einen festen Treffpunkt zu verabreden. Im Idealfall finden Sie irgendwo auf dem Unigelände einen freien Raum, beispielsweise einen kleineren Hörsaal, in dem Sie unter sich sind. Der Lesesaal der Bibliothek eignet sich generell nicht als Treffpunkt, weil Sie dort andere Kommilitonen bei der Arbeit stören würden. Sofern in der Wohnung eines Gruppenmitglieds ausreichend Platz zum Arbeiten und genügend Sitzgelegenheiten zur Verfügung stehen, können Sie sich natürlich auch privat treffen.

Neben dem Spaß an der Sache und der willkommenen Abwechslung des Studienalltags hat Gruppenarbeit zahlreiche weitere Vorzüge. Sie lernen insbesondere komplizierte Zusammenhänge in Worte zu fassen und anderen verständlich zu machen. Das ist schwieriger, als man gemeinhin glaubt. Nicht wenige Studenten schneiden in mündlichen Prüfungen schlechter als erwartet ab, weil sie eben diese Fähigkeit nicht besitzen.

Bei dem Versuch, den anderen Gruppenmitgliedern etwas zu erklären, werden Sie anfangs nicht selten ins Strudeln geraten und dabei feststellen, dass Sie die zugrunde liegenden Zusammenhänge selbst noch nicht bis in alle Einzelheiten verstanden haben. Den anderen wird es genauso ergehen. Wenn jedoch jeder seine spezifischen Kenntnisse und Ideen zu einem schwierigen Thema beiträgt, wird es Ihnen in vielen Fällen gelingen, die Probleme gemeinsam zu lösen.

✔ Wie arbeitet man erfolgreich in einer Gruppe?

☐ Achten Sie darauf, dass alle Gruppenmitglieder in etwa den gleichen Kenntnisstand haben.

☐ Wählen Sie eine Gruppengröße von drei bis vier Mitgliedern.

☐ Vereinbaren Sie regelmäßig stattfindende Gruppenarbeitstermine.

☐ Nutzen Sie die Gelegenheit, komplizierte Zusammenhänge in Worte zu fassen und anderen verständlich zu machen.

6 Prüfungen

6.1 Prüfungsvorbereitung

Es empfiehlt sich in jedem Fall, noch vor dem Beginn der Prüfungsvorbereitung möglichst viele Informationen über die voraussichtlichen Prüfungsfragen zu sammeln. Da die meisten Prüfer bevorzugt Fragen aus dem Themenkreis ihres aktuellen Forschungsgebiets stellen, sollten Sie sich zunächst beim Professor selbst oder bei seinen Mitarbeitern nach den Prüfungsschwerpunkten erkundigen. Normalerweise erhalten Sie zumindest den einen oder anderen Tipp, wo Sie die Schwerpunkte Ihrer Prüfungsvorbereitung setzen sollten. Im ungünstigsten Fall werden Sie hingegen mit einem lapidaren Hinweis auf den gesamten Vorlesungsstoff abgespeist. Dann bieten sich als alternative Informationsquellen immerhin noch Kommilitonen höherer Semester, die die Prüfung bereits absolviert haben sowie Prüfungsprotokolle und Aufgabenzettel früherer Klausuren an. Letztere erhalten Sie in der Regel bei der Fachschaftsvertretung.

Sofern Sie alle prüfungsrelevanten Veranstaltungen besucht und regelmäßig nachbereitet sowie den Lernstoff der Vorlesungen zusätzlich in den Semesterferien wiederholt haben, dürfte sich der Zeitbedarf für die explizite Vorbereitung auf Klausuren und mündliche Prüfungen erheblich reduzieren. Verständnisschwierigkeiten sollten bereits im Zuge der Nachbereitung geklärt worden sein und dürften während der Prüfungsvorbereitung kaum noch auftreten (vgl. dazu Kapitel 5.2).

Dennoch werden Sie mitunter feststellen, dass Sie sich mit einzelnen Teilgebieten des prüfungsrelevanten Lernstoffs noch einmal genauer beschäftigen müssen. Schieben Sie den Beginn der Prüfungsvorbereitung deshalb nicht zu lange hinaus. Größere Wissenslücken, die erst kurz vor dem Prüfungstermin offenbar werden, lassen sich nur durch intensives Büffeln schließen. In einer solchen Situation stoßen Sie leicht an die Grenzen Ihrer Belastbarkeit und geraten in Panik. Um die damit verbundene Prüfungsangst von vornherein zu vermeiden, sollten Sie mit Ihrer Prüfungsvorbereitung in jedem Fall so rechtzeitig beginnen, dass Sie, wenn alles nach Plan läuft, schon einige Tage vor dem Prüfungstermin fertig sind. Sie gewinnen dadurch Zeit für die Lösung unvorhergesehener Probleme.

> **Tipp:** Am besten ist es, sie stellen vorab einen Zeitplan Ihrer Prüfungs-
> vorbereitung auf, aus dem genau hervorgeht, wie lange die Prüfungsvor-
> bereitung dauert und was Sie in jeder einzelnen Woche lernen wollen.
> Nur wenn Sie wissen, was Sie bereits erledigt und was Sie noch vor sich haben,
> können Sie abschätzen, ob die Zeit bis zur Prüfung unter Beibehaltung Ihres bis-
> herigen Arbeitspensums ausreicht. Richten Sie sich im Großen und Ganzen nach
> Ihrem Plan, besteht zudem weniger die Gefahr, sich an einem bestimmten Teil-
> gebiet festzubeißen und andere, möglicherweise viel wichtigere Themen zu ver-
> nachlässigen.

Grundlage Ihrer Prüfungsvorbereitungen wird in den meisten Fällen Ihre eigene oder eine fremde Vorlesungsmitschrift sein, gegebenenfalls ergänzt durch ausge-wählte Fachliteratur. Sie sollten Fachliteratur aber allenfalls zum Nachschlagen und zur Information über neuere Entwicklungen Ihres Fachgebiets verwenden, denn für das Durcharbeiten kompletter Lehrbücher ist während der Prüfungsvor-bereitung einfach nicht mehr genügend Zeit.

Aufgrund unvorhergesehener Wissenslücken oder mangelhafter Planung kann es Ihnen passieren, dass Sie mit näher rückendem Prüfungstermin unter Zeitdruck geraten. In solchen Fällen kommt es vor allem darauf an, die Ruhe zu bewahren. An den Tagen unmittelbar vor der Prüfung noch bis in die Nacht hinein zu büffeln, dürfte wenig Erfolg versprechend sein. Erstens befindet sich Ihre Konzentrations-fähigkeit während der langen nächtlichen Paukerei auf einem niedrigen Niveau (vgl. dazu Kapitel 5.4, Optimale Lernzeiten). Die Arbeit ist also wenig effizient. Zweitens machen Sie sich mit einem solchen Endspurt nur unnötig nervös. Und drittens gehen Sie möglicherweise vollkommen übermüdet in die Prüfung. In so einem Fall ist es besser, sich auf die wichtigsten Prüfungsgebiete zu konzentrieren und alles andere einfach wegzulassen.

Am letzten Tag vor der Prüfung brauchen Sie nichts weiter zu tun, als Ihre Vor-lesungsmitschriften und sonstigen Aufzeichnungen noch einmal flüchtig durchzu-blättern. Auf diese Weise verschaffen Sie sich einen abschließenden Überblick über das gesamte Prüfungsgebiet. Wenn Sie dann noch für ausreichend Entspannung sorgen, also insbesondere ausreichend schlafen, können Sie der Prüfung ausgeruht und gelassen entgegensehen.

✔ Wie bereitet man sich auf eine Prüfung vor?

☐ Informieren Sie sich rechtzeitig über die bevorzugten Themen der Prüfer und über mögliche Prüfungsfragen.

☐ Schieben Sie den Beginn der Prüfungsvorbereitung nicht zu lange hinaus, damit Sie nicht unter Zeitdruck geraten.

☐ Stellen Sie vorab einen Zeitplan Ihrer Prüfungsvorbereitung auf.

☐ Arbeiten Sie während der Prüfungsvorbereitung vorzugsweise mit Ihren Vorlesungsmitschriften und verzichten Sie auf das Durcharbeiten umfangreicher Lehrbücher.

☐ Lernen Sie nicht bis zur letzten Minute, sondern gönnen Sie sich unmittelbar vor der Prüfung eine angemessene Ruhepause.

6.2 Prüfungsangst

Es gibt nicht wenige Studenten, die trotz umfangreicher Prüfungsvorbereitungen und hohem Lernaufwand selbst an einfachen Prüfungen scheitern. Das liegt nicht etwa an mangelnder Intelligenz oder Begabung oder daran, dass sie das Falsche gelernt haben. Wenige Tage vor einer Prüfung können sie alle nur denkbaren Fragen zum prüfungsrelevanten Lernstoff mühelos beantworten. Sehen sie dann jedoch in der Klausur den Aufgabenzettel vor sich, ist ihr Gedächtnis plötzlich wie leer gefegt. In einer mündlichen Prüfung sitzen sie vor dem Prüfer wie das Kaninchen vor der Schlange und bringen keinen Ton heraus. Hätten sie die richtigen Antworten noch kurz zuvor mit einem überlegenen Lächeln aus dem Ärmel schütteln können, verstehen sie jetzt nicht einmal mehr die Fragen.

Wenn Ihnen solche Situationen bekannt sind, wissen Sie natürlich, wovon die Rede ist. Prüfungssituationen wirken auf das Gedächtnis vieler Menschen geradezu lähmend. Sofern Sie selbst zu den Betroffenen zählen, müssen Sie unbedingt etwas gegen Ihre Prüfungsangst unternehmen. Andernfalls besteht die durchaus ernst zu nehmende Gefahr, dass Ihr Studium letztlich allein daran scheitert. In besonders stark ausgeprägten Fällen werden Sie um die fachmännische Hilfe eines Psychologen nicht herumkommen. Ansonsten kann die Lektüre eines entsprechenden Ratgebers zum Abbau der Prüfungsangst verhelfen. Meist hilft aber auch schon die Befolgung einiger einfacher Ratschläge.

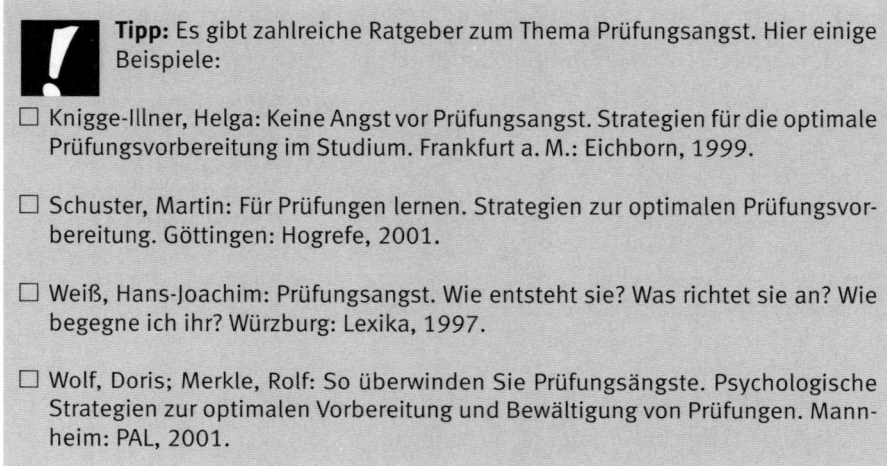

Tipp: Es gibt zahlreiche Ratgeber zum Thema Prüfungsangst. Hier einige Beispiele:

☐ Knigge-Illner, Helga: Keine Angst vor Prüfungsangst. Strategien für die optimale Prüfungsvorbereitung im Studium. Frankfurt a. M.: Eichborn, 1999.

☐ Schuster, Martin: Für Prüfungen lernen. Strategien zur optimalen Prüfungsvorbereitung. Göttingen: Hogrefe, 2001.

☐ Weiß, Hans-Joachim: Prüfungsangst. Wie entsteht sie? Was richtet sie an? Wie begegne ich ihr? Würzburg: Lexika, 1997.

☐ Wolf, Doris; Merkle, Rolf: So überwinden Sie Prüfungsängste. Psychologische Strategien zur optimalen Vorbereitung und Bewältigung von Prüfungen. Mannheim: PAL, 2001.

Klausuren

Natürlich sollten Sie sich vor jeder Klausur umfassend über mögliche Prüfungsfragen und die Prüfungsmodalitäten informieren. Klären Sie auch unbedingt ab, welche Hilfsmittel (Taschenrechner, Formelsammlung, Gesetzestexte usw.) in einer Klausur zugelassen sind. Es wäre fatal, erst wenige Minuten vor Beginn einer Klausur zu erfahren, dass Sie etwa bestimmte Unterlagen nicht verwenden dürfen.

Eine gute Vorstellung von den Prüfungsanforderungen erhalten Sie anhand von Klausuren früherer Prüfungstermine. Die entsprechenden Aufgabenzettel können Sie sich bei der Fachschaftsvertretung oder bei Kommilitonen, die die jeweiligen Klausuren schon geschrieben haben, besorgen. Setzen Sie sich dann am besten an einem Wochenende an Ihren Schreibtisch und versuchen Sie, eine oder mehrere ältere Klausuren in der vorgesehenen Zeit und unter Benutzung der erlaubten Hilfsmittel zu schreiben. Indem Sie sich freiwillig möglichst originalgetreuen Klausurbedingungen aussetzen, trainieren Sie die spätere Prüfungssituation und bauen dadurch Ihre Prüfungsangst ab. Vielleicht finden Sie sogar einen Kommilitonen, der sich Ihrem Klausurtraining anschließt. Sie können dann entweder gegenseitig oder gemeinsam Ihre Klausuren korrigieren und dabei konstruktive Kritik an den Lösungen des jeweils anderen üben.

Manche Professoren veranstalten sogar offizielle Übungsklausuren, die von Tutoren oder wissenschaftlichen Mitarbeitern korrigiert und benotet, jedoch nicht als Prüfungen gewertet werden. Die Teilnahme ist grundsätzlich freiwillig. Dennoch sollten Sie sich solche Gelegenheiten keinesfalls entgehen lassen, da die Prüfungssituation dabei weitgehend mit dem späteren Ernstfall übereinstimmt. Außerdem können Sie Ihren Kenntnisstand überprüfen. Eine gute Note in einer Übungsklausur gibt Ihnen zusätzliche Sicherheit.

Mündliche Prüfungen

Das Trainieren von Prüfungssituationen ist generell die beste Methode, Prüfungsangst abzubauen. Allerdings ist ein Training unter realen Bedingungen im Falle von mündlichen Prüfungen nicht ohne weiteres möglich. So etwas wie mündliche Übungsprüfungen gibt es schließlich nicht. Sie können bestenfalls versuchen, Ihre Scheu vor der Autorität des Prüfers abzubauen, indem Sie etwa während der Vorlesung gelegentlich auf seine Kontrollfragen antworten oder im Anschluss an eine Vorlesung oder in der Sprechstunde mit ihm über ein Detail des Lernstoffs sprechen.

> **Tipp:** Eine gute Gelegenheit zur fachlichen Diskussion mit dem Professor bieten auch die Kolloquien für Examenskandidaten, die in manchen Studiengängen angeboten werden. In den Kolloquien erhalten Sie darüber hinaus oft wertvolle Tipps für die Prüfungsvorbereitung sowie Hinweise zu den Schwerpunkten der bevorstehenden Prüfung.

Von dem Angebot, an mündlichen Prüfungen älterer Kommilitonen als Zuhörer teilzunehmen, sollten Sie unbedingt Gebrauch machen. Zweifellos ist das die beste Möglichkeit, sich mit der tatsächlichen Situation in einer mündlichen Prüfung vertraut zu machen. Selbst wenn so etwas im Einzelfall unüblich ist, können Sie dennoch versuchen, nach individueller Absprache mit den Prüfungskandidaten und dem Prüfer ausnahmsweise als Zuhörer geduldet zu werden. Es versteht sich von selbst, dass Sie sich während der Prüfung absolut still verhalten müssen, um die Nervosität der Kandidaten nicht unnötig zu erhöhen.

Tipp: Aus Gründen der Solidarität sollten Sie in Ihren eigenen mündlichen Prüfungen natürlich ebenfalls Zuhörer zulassen. Da Sie sich voll und ganz auf den Prüfer konzentrieren müssen, werden Sie die Anwesenheit der Zuhörer ohnehin bereits nach wenigen Minuten kaum noch wahrnehmen.

Sofern bei mündlichen Prüfungen grundsätzlich keine Zuhörer zugelassen sind, bleibt Ihnen nur noch die Befragung ehemaliger Prüfungskandidaten. Die sind im Allgemeinen gern bereit, ihre Erfahrungen weiterzugeben. Sie erhalten dadurch eine Vorstellung von der Atmosphäre im Prüfungsraum sowie wertvolle Informationen über den Stil des Prüfers.

Die meisten Professoren sind als Prüfer gar nicht so selbstgefällig und herablassend, wie sie sich manchmal in ihren Vorlesungen geben. Sie haben schließlich alle selbst einmal studiert und kennen Prüfungssituationen folglich zur Genüge. Viele Professoren sind sogar bemüht, Ihnen beim Abbau Ihrer Prüfungsangst zu helfen. Eine mündliche Prüfung läuft normalerweise sehr viel lockerer ab, als es sich die meisten Studienanfänger vorstellen.

Haben Sie also keine Angst vor mündlichen Prüfungen. Sofern eine Wahlmöglichkeit zwischen einer schriftlichen und einer mündlichen Prüfung besteht, sollte Ihre Entscheidung stets zugunsten der Letzteren ausfallen. Mündliche Prüfungen sind in der Regel wesentlich einfacher als Klausuren, weil sich Missverständnisse unmittelbar aufklären lassen. Beispielsweise können Sie im Falle einer unklaren oder mehrdeutigen Frage sofort nachhaken. Umgekehrt haben Sie fast immer Gelegenheit, Ihre Antworten zu präzisieren oder gar zu korrigieren, falls der Prüfer damit nicht ganz zufrieden ist. Haben Sie dagegen eine Klausurfrage falsch verstanden, lautet das Ergebnis gnadenlos „Thema verfehlt", und Sie müssen noch einmal antreten. In Klausuren wird zudem erheblich mehr Detailwissen verlangt als in mündlichen Prüfungen. Schließlich dauern mündliche Prüfungen selten länger als 30 Minuten, während sich Klausuren meist über mehrere Stunden hinziehen.

 Tipp: Auch in Klausuren können Sie versuchen, sich helfen zu lassen. Wenn eine Klausurfrage aus Ihrer Sicht unklar formuliert ist oder Sie ganz einfach nicht weiterwissen, sollten Sie sich deshalb nicht scheuen, bei den Aufsichtspersonen nachzufragen. Die sind in der Regel durchaus bereit und in der Lage, Ihnen in begrenztem Umfang weiterzuhelfen und zumindest Missverständnisse zu klären.

✔ Was ist gegen Prüfungsangst zu tun?

☐ Beschaffen Sie sich alle zugänglichen Informationen über die Prüfungsmodalitäten, zulässige Hilfsmittel und mögliche Prüfungsfragen.

☐ Nehmen Sie an Übungsklausuren teil oder schreiben Sie unter möglichst originalgetreuen Bedingungen Klausuren früherer Prüfungstermine.

☐ Bauen Sie Ihre Scheu vor dem Prüfer ab, indem Sie in seine Sprechstunde gehen und in seinen Vorlesungen gelegentlich Fragen stellen.

☐ Nehmen Sie an mündlichen Prüfungen älterer Kommilitonen als Zuhörer teil.

☐ Fragen Sie Kommilitonen, die die Prüfung bereits absolviert haben, nach deren Erfahrungen.

☐ Scheuen Sie sich nicht, die Hilfe eines Psychologen in Anspruch zu nehmen, wenn Sie Ihre Prüfungsangst nicht selbst abbauen können.

7 Schriftliche Arbeiten

7.1 Formale Anforderungen

Im Verlauf Ihres Studiums werden Sie die eine oder andere schriftliche Hausarbeit anfertigen müssen. Dazu gehören, je nach Studiengang, beispielsweise Seminararbeiten, Dokumentationen der Ergebnisse von Laborpraktika, Arbeiten im Rahmen von Fortgeschrittenenübungen und Studienarbeiten. Krönender Abschluss des Studiums ist schließlich die Zulassungs-, Diplom-, Magister- oder Staatsexamensarbeit, auch wenn danach noch Examensprüfungen folgen. Diese mitunter recht umfangreiche Arbeit dokumentiert Ihre Befähigung zu wissenschaftlicher Arbeit.

Während Dokumentationen und andere kleine Hausarbeiten eher Übungszwecken dienen und somit meist nur geringen formalen Ansprüchen genügen müssen, stellt das Prüfungsamt an die Anfertigung der Abschlussarbeit mitunter sehr detaillierte Anforderungen. Teilweise gilt das auch für Seminararbeiten, sofern diese Voraussetzung für die Zulassung zum Examen sind. Je nach Prüfungs- bzw. Studienordnung ist die Abschlussarbeit vor oder nach dem Examen oder sogar irgendwann im Verlauf des Hauptstudiums anzufertigen. Die maximale Bearbeitungszeit liegt zwischen einigen Wochen und mehreren Monaten.

Auch in anderen Details, wie etwa der Themenvergabe, dem Umfang der Arbeit und deren Gestaltung, gibt es die unterschiedlichsten Regelungen. Um der Gefahr zu begegnen, dass Ihre Arbeit allein aus formalen Gründen abgelehnt wird, sollten Sie sich vorab anhand der Prüfungs- bzw. Studienordnung umfassend informieren und sämtliche Formvorschriften genau beachten. Am besten leihen Sie sich eine möglichst gut benotete Abschluss- oder Seminararbeit eines älteren Kommilitonen aus und verwenden diese als Muster für Ihre eigene Arbeit.

Von einigen Prüfungsämtern wird die Einhaltung der Formvorschriften peinlich genau überwacht. Eine Arbeit, deren Textseiten einen linken Rand von drei Zentimetern statt der vorgeschriebenen vier Zentimeter aufweisen, würde dann beispielsweise gnadenlos abgelehnt. Andere Prüfungsämter lassen die Zügel so locker, dass man praktisch keinerlei Einschränkungen bezüglich Bearbeitungszeit, Umfang und Gestaltung der Arbeit unterliegt. Obwohl Sie gewiss eine möglichst große Freiheit bei der Anfertigung Ihrer Arbeit bevorzugen werden, erweisen sich detaillierte und streng überwachte Vorschriften oft als vorteilhafter. Denn je beharrlicher das Prüfungsamt auf der Einhaltung der Vorschriften besteht, desto größer sind Ihre Chancen, die Abschlussarbeit innerhalb eines vernünftigen Zeitrahmens fertig zu stellen. Sind die Vorschriften eher lasch oder gibt es Ausweichmöglichkeiten, besteht bei vielen Professoren die Neigung, immer aufwändigere Themen zu stellen, deren Bearbeitung schließlich ein Mehrfaches der eigentlich vorgesehenen Bearbeitungszeit erfordert.

Um die Umgehung der Vorschriften zu verhindern, bedienen sich manche Prüfungsämter fast schon subtil zu nennender Praktiken, die Ihnen auf den ersten Blick als reine Schikanen erscheinen werden. Beispielsweise dient die in manchen Prüfungsordnungen vorgesehene Auslosung der Themen allein dazu, die Einhaltung der maximalen Bearbeitungszeit zu gewährleisten. Werden die Themen stattdessen frei zwischen Professoren und Studenten vereinbart, könnte die Bearbeitungszeit durch Hinauszögern der offiziellen Anmeldung der Arbeit praktisch beliebig verlängert werden (vgl. dazu Kapitel 2.3, Studien-, Diplom- oder Magisterarbeit). Eine innerhalb gewisser Toleranzen fest vorgegebene Seitenzahl in Verbindung mit präzisen Vorschriften bezüglich Schriftgröße, Zeilenabstand und Randbreite ist ebenfalls keine Schikane, sondern hat lediglich den Zweck, den Umfang der Arbeiten zu begrenzen.

Unabhängig von äußeren Formvorschriften sollte selbstverständlich sein, dass Ihre Arbeit ansprechend gestaltet, stilistisch einwandfrei und vor allem frei von Rechtschreib-, Zeichensetzungs- und grammatischen Fehlern ist. Schon manche inhaltlich gute Arbeit wurde zurückgewiesen, weil sie in dieser Hinsicht eine Zumutung für den Leser war. Auch wenn Sie mit der Orthographie keine Probleme haben, ist es eine gute Idee, vor der endgültigen Abgabe der Arbeit einen oder mehrere Kommilitonen zu bitten, Ihre Arbeit zu lesen. Es gibt Tippfehler, die Ihnen auch beim dritten oder vierten Durchlesen noch entgehen, einem anderen Leser aber sofort ins Auge springen. Besonders sinnvoll ist es natürlich, sich zum Korrekturlesen mit einem Kommilitonen zusammenzutun, der gerade eine Arbeit aus dem gleichen Fachgebiet anfertigt, weil Sie dann auch inhaltliche Aspekte Ihrer Arbeiten gegenseitig überprüfen können.

> ✔ **Wie verhindert man, dass eine schriftliche Arbeit aus formalen Gründen abgelehnt wird?**
>
> ☐ Informieren Sie sich umfassend über die formalen Anforderungen.
>
> ☐ Stellen Sie fest, wie scharf die Einhaltung der in der Prüfungs- bzw. Studienordnung festgelegten Anforderungen überwacht wird.
>
> ☐ Achten Sie auf ein ansprechendes Layout Ihrer Arbeit und auf guten Stil.

☐ Vermeiden Sie Tippfehler sowie orthographische und grammatische Fehler.

☐ Geben Sie Ihre Arbeit einem Kommilitonen zum Korrekturlesen.

7.2 Themenwahl

Bei der Auswahl des Themas für eine Seminararbeit oder für Ihre Abschlussarbeit sollten Sie sich hauptsächlich an der zu erwartenden Bearbeitungszeit orientieren. Haben Sie etwa die Wahl zwischen einem hochinteressanten, aber zeitaufwändigen und einem etwas weniger interessanten Thema, das sich dafür in vergleichsweise kurzer Zeit abhandeln lässt, empfiehlt sich eher eine Entscheidung zugunsten des Letzteren. Oft genug stellt sich im Laufe der Zeit heraus, dass ein interessantes Thema doch nicht den Erwartungen gerecht wird oder gar in eine Sackgasse führt. Ein anfänglich recht langweilig erscheinendes Thema kann dagegen durchaus einen Reiz entwickeln, wenn man sich in das Gebiet vertieft.

Tipp: Insbesondere reine Literaturarbeiten gelten gemeinhin als wenig attraktiv, während Arbeiten mit einem hohen Anteil an Laborarbeit meist sehr beliebt sind. Der Zeitaufwand für Laborarbeiten wird jedoch fast immer gewaltig unterschätzt. Unter den Gesichtspunkten der Bearbeitungszeit und des Arbeitsaufwands schneiden Literaturarbeiten in der Regel wesentlich besser ab. Seien Sie also auch gegenüber sehr theoretischen Themen aufgeschlossen und lassen Sie sich nicht vorschnell für ein mit viel Arbeit verbundenes Thema begeistern. Prüfen Sie stattdessen jedes Thema nüchtern und rational in Bezug auf den voraussichtlichen Arbeitsaufwand und treffen Sie dann Ihre Entscheidung.

Sie sollten sich auch von Anfang an darüber klar sein, dass Ihre Arbeit kein Lebenswerk ist, sondern lediglich eine von zahlreichen Anforderungen auf dem Weg zum Erwerb des angestrebten Studienabschlusses. Selbst Diplom- und Magisterarbeiten sind in den seltensten Fällen so spektakulär, dass sie von der Wissenschaft oder der Öffentlichkeit überhaupt zur Kenntnis genommen werden. Gewöhnlich wird die Arbeit nur von einem einzigen wissenschaftlichen Mitarbeiter gelesen. Der Professor selbst blättert die Arbeit allenfalls kurz durch.

In einigen Fällen kann das Thema Ihrer Abschlussarbeit Einfluss auf Ihre künftigen Berufschancen haben. Das gilt vor allem für Studiengänge, in denen die Bearbeitungszeiten üblicherweise sehr lang sind und für deren Abgänger die Lage am Arbeitsmarkt angespannt ist. Hier können sich die Arbeitgeber Absolventen aussuchen, die das ihnen zugedachte Arbeitsgebiet bereits im Rahmen Ihrer Abschlussarbeit bearbeitet haben. Dadurch verkürzt sich die oft langwierige Einarbeitungszeit der neuen Mitarbeiter. Deshalb kann es mitunter vorteilhaft sein, sich vorab bei potenziellen Arbeitgebern nach besonders gefragten Arbeitsgebieten zu erkundigen. Eventuell besteht sogar die Möglichkeit, die Arbeit nach Absprache mit dem zuständigen Professor und dem Prüfungsamt in enger Zusammenarbeit mit einem Unternehmen anzufertigen. Ihre Chancen, nach Abschluss des Studiums den Berufseinstieg bei eben diesem Unternehmen zu schaffen, stehen dann nicht gerade schlecht.

✔ Welche Aspekte sind bei der Themenwahl zu berücksichtigen?

☐ Wählen Sie ein Thema, das sich relativ schnell bearbeiten lässt.

☐ Bedenken Sie, dass reine Literaturarbeiten normalerweise erheblich weniger Aufwand erfordern als praktische Arbeiten.

☐ Geben Sie sich nicht der Illusion hin, Ihre Arbeit werde zu einem Meilenstein der wissenschaftlichen Forschung werden.

☐ Erkundigen Sie sich bei potenziellen Arbeitgebern nach besonders gefragten Arbeitsgebieten für die Abschlussarbeit.

7.3 Aufstellung eines Zeitplans

Mit der Aufstellung eines detaillierten Zeitplans aller erforderlichen Arbeitsschritte beugen Sie der Gefahr vor, sich bei der Anfertigung einer größeren schriftlichen Arbeit zu verzetteln. Es wäre besonders bei der Abschlussarbeit fatal, wenn Sie die zulässige Bearbeitungszeit nicht einhalten könnten.

! **Tipp:** Für die Planung einer schriftlichen Arbeit können Sie sich eines Projektplanungsprogramms für Ihren PC bedienen. Derartige Programme sind inzwischen zum Standardwerkzeug im Projektmanagement der meisten Unternehmen geworden. Allerdings bieten Projektplanungsprogramme inzwischen so viele Möglichkeiten, dass die Gefahr besteht, vor lauter Planung nicht mehr zu den eigentlichen Arbeiten zu kommen.

Als ersten Schritt erstellen Sie eine Liste aller Tätigkeiten, die Sie im Zusammenhang mit der Anfertigung der Arbeit ausführen müssen. Abhängig von Ihrem Fachgebiet und von der Art der Arbeit kann diese Liste sehr unterschiedlich aussehen und auch unterschiedliche Schwerpunkte haben. Bei einer reinen Literaturarbeit dürfte beispielsweise das Studium von Fachliteratur im Vordergrund stehen, während bei einer praktischen Arbeit Labortätigkeiten oder die Beschaffung von Datenmaterial am meisten Zeit beanspruchen. Die folgende Liste gibt daher nur einen groben Überblick über die Dinge, an die Sie denken müssen.

✔ **Checkliste**

- ☐ Einarbeitung in das Thema anhand der Einstiegsliteratur
- ☐ Recherchieren
- ☐ Durcharbeiten von Literaturquellen
- ☐ Aufstellung eines Konzepts und einer Gliederung
- ☐ Laborarbeiten
- ☐ Sammlung von Datenmaterial (Bilder, Grafiken, Statistiken, ...)
- ☐ Berechnungen
- ☐ Auswertung der Untersuchungsergebnisse
- ☐ Ausformulierung des Textes
- ☐ Erstellen von Tabellen und Abbildungen
- ☐ Korrekturlesen
- ☐ Kopieren und Binden der Arbeit

In einem zweiten Schritt sollten Sie versuchen, für jede dieser Tätigkeiten den Zeitbedarf in Tagen abzuschätzen. Das wird natürlich nicht immer ganz einfach sein. Bevor Sie sich in das Thema eingearbeitet und die erforderlichen Recherchen angestellt haben, können Sie ja schließlich schlecht sagen, welche weiterführende Literatur Sie noch durcharbeiten müssen und wie viel Zeit dies in Anspruch nehmen wird. Seien Sie deshalb zunächst etwas großzügiger und planen Sie für jeden Arbeitsschritt mehr Zeit ein, als Sie wahrscheinlich benötigen werden. Sie haben dann später noch Reserven für den Fall, dass die eine oder andere Tätigkeit doch länger dauert als erwartet. Je weiter Sie mit Ihrer Arbeit vorankommen, desto besser werden Sie den Zeitbedarf für die noch auszuführenden Tätigkeiten beurteilen können. Es ist deshalb sinnvoll, den Plan zu überarbeiten, sobald Ihnen zusätzliche Informationen zur Verfügung stehen. Eine solche Revision kann gegebenenfalls auch mehrmals stattfinden.

Der dritte und letzte Schritt der Planung besteht darin, die einzelnen Arbeitsschritte über die zur Verfügung stehende Bearbeitungszeit zu verteilen. Natürlich können Sie einfach alle erforderlichen Tätigkeiten unter Berücksichtigung ihrer gegenseitigen Abhängigkeiten hintereinander aufschreiben, also beispielsweise zwei Tage Einstiegsliteratur, drei Tage Recherchieren, 14 Tage Laborarbeit usw. Das ist aber wenig sinnvoll, denn dann müssen Sie unter Umständen wochenlang nur Fachliteratur lesen oder ausschließlich im Labor arbeiten. Zur Forderung nach möglichst abwechslungsreicher Arbeit steht dieses System in krassem Gegensatz (vgl. dazu Kapitel 5.4, Abwechslungsreiche Arbeitsgestaltung). Hinzu kommt, dass bestimmte Arbeitsschritte, wie etwa die Ausformulierung des Textes, ein hohes Maß an Konzentration erfordern, während andere Arbeitsschritte, beispielsweise Routinearbeiten im Labor oder die Erstellung einfacher Zeichnungen, deutlich weniger anspruchsvoll sind.

Versuchen Sie deshalb, die einzelnen Arbeitsschritte zeitlich überlappend zu planen. So dürfte es zum Beispiel ohne weiteres möglich sein, ein grobes Konzept Ihrer Arbeit aufzustellen, während Sie noch mit dem Durcharbeiten von Fachliteratur beschäftigt sind. Sie könnten anschließend parallel zum weiteren Literaturstudium mit den Laborarbeiten oder der Datensammlung beginnen.

Zudem lässt sich fast jede schriftliche Arbeit in voneinander weitgehend unabhängige Kapitel aufteilen, die sich parallel bearbeiten lassen. Während Sie etwa den Text für das erste Kapitel verfassen, können Sie gleichzeitig schon einige Abbil-

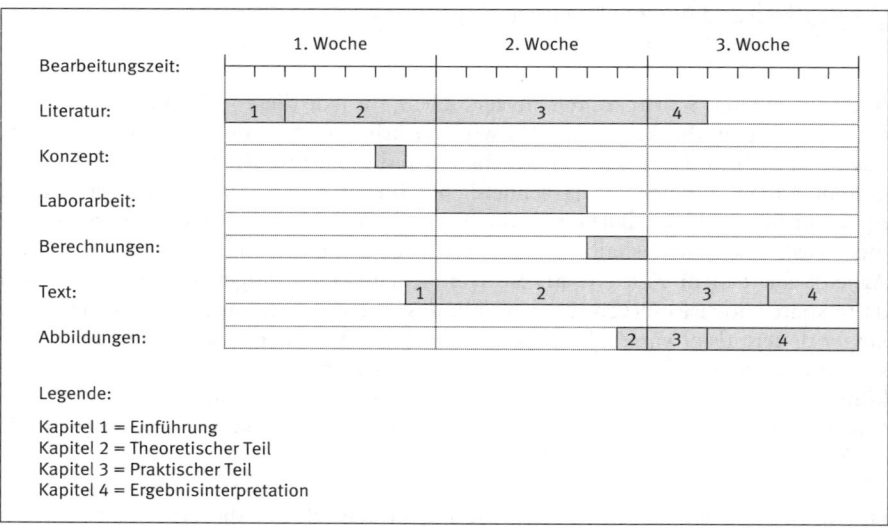

Abb. 17: Beispiel für die Organisation einer dreiwöchigen Hausarbeit

dungen zeichnen, die zum zweiten Kapitel gehörenden Berechnungen durchführen und die Literatur zum dritten Kapitel lesen. Auf diese Weise sorgen Sie für genügend Abwechslung und bewahren Ihre Konzentrationsfähigkeit. Wenn Sie dennoch nicht darum herumkommen, sich anfangs fast ausschließlich mit Fachliteratur zu beschäftigen, dann lesen sie wenigstens jeden Tag in mehreren verschiedenen Quellen. Abb. 17 zeigt ein bewusst einfach gehaltenes Beispiel für die Planung einer dreiwöchigen Hausarbeit.

✔ **Wie stellt man einen Zeitplan zur Anfertigung einer schriftlichen Arbeit auf?**

☐ Erstellen Sie eine vollständige Liste aller Tätigkeiten, die Sie im Zusammenhang mit der Anfertigung der Arbeit ausführen müssen.

☐ Schätzen Sie den Zeitbedarf für jede Tätigkeit möglichst genau ab.

☐ Verteilen Sie die erforderlichen Tätigkeiten so auf die zur Verfügung stehende Bearbeitungszeit, dass die Arbeit abwechslungsreich bleibt.

☐ Revidieren Sie Ihren Zeitplan, sobald Sie feststellen, dass Sie sich bei der Beurteilung des Zeitbedarfs einzelner Tätigkeiten verschätzt haben.

7.4 Recherchieren

Die Fähigkeit, eigenständig Literaturrecherchen durchzuführen, ist ein ganz wesentlicher Aspekt der akademischen Ausbildung. Um die Suche nach ausgewählter Spezialliteratur werden Sie deshalb vor allem im Zuge der Anfertigung schriftlicher Arbeiten kaum herumkommen. Da die Ergebnisse wissenschaftlicher Forschung meist in englischsprachigen Fachzeitschriften veröffentlicht werden und, wenn überhaupt, erst Jahre später in deutschsprachigen Lehrbüchern auftauchen, sollten Sie Ihre Englischkenntnisse rechtzeitig auffrischen.

Zu besonders schwierigen Themen erhalten Sie möglicherweise vom Professor oder seinen Mitarbeitern Hinweise auf Einstiegsliteratur. Weiterführende Quellen müssen Sie aber in jedem Fall selbst finden. Ausgehend von Ihrer Einstiegsliteratur können Sie zunächst versuchen, in den dort zitierten Quellen weitere Informationen zum Thema zu erhalten. Das genügt indes allenfalls zur Einarbeitung in das Thema, denn die Quellen, auf die sich der Autor beruft, sind selten besonders aktuell. Immerhin wissen Sie nun aber, welche Fachzeitschriften sich regelmäßig mit dem Thema beschäftigen und somit bei der Recherche in die engere Wahl zu ziehen sind. Sofern Sie in der Bibliothek Zugriff auf die in Betracht kommenden Fachzeitschriften haben, nehmen Sie sich am besten die aktuellen Ausgaben vor und suchen dort im Inhaltsverzeichnis nach interessanten Artikeln. Über deren Literaturverzeichnisse gelangen Sie sehr schnell an weitere Quellen.

Ob die Literatursuche in der Bibliothek erfolgreich ist, müssen Sie selbst herausfinden. Da ausnahmslos alle Universitäten in erheblichen Finanznöten stecken, stehen oft zu wenig Mittel für Neuanschaffungen zur Verfügung. Die Folge ist, dass der Bestand an Fachbüchern meist veraltet ist und nicht alle wichtigen Fachzeitschriften geführt werden.

Eine Alternative zur Literatursuche in den verfügbaren Fachzeitschriften und im Katalog der Bibliothek ist die Recherche in allgemeinen oder fachspezifischen Literaturdatenbanken, zu denen Sie über das Internet Zugang haben. Nach Eingabe von geeigneten Stichworten erhalten Sie binnen weniger Sekunden eine Liste mit dazu passenden Quellen in Form von Büchern oder Zeitschriftenartikeln. Da manche Fachzeitschriften sogar als Volltext im Internet stehen, können Sie die gefundenen Artikel unter Umständen sofort abrufen und ausdrucken.

Ist der vollständige Text einer Quelle nicht im Internet verfügbar, zeigen Literaturdatenbanken meist andere Möglichkeiten des Zugangs auf. In der Regel bekommen Sie eine Liste mit (Universitäts-)Bibliotheken, in denen die Quelle verfügbar ist, oder es wird auf die Fernleihe oder einen Dokumenten-Lieferdienst verwiesen.

Fernleihe ist ein gebührenpflichtiger Service, mit dem Sie Bücher oder Fachzeitschriften ausleihen können, die in Ihrer Universitäts- oder Fachbereichsbibliothek nicht verfügbar sind. Sie benötigen dazu einen Bibliotheksausweis. Da der gewünschte Titel erst von einer anderen Bibliothek beschafft werden muss, können Sie ihn erst einige Tage nach der Bestellung in Ihrer Bibliothek abholen. Bei den ebenfalls gebührenpflichtigen Dokumenten-Lieferdiensten können Sie Artikel aus Fachzeitschriften bestellen, die dann entweder per E-Mail oder als Fotokopien per Post oder direkt durch Ihre Bibliothek geliefert werden.

Internetbuchhandlungen bieten ebenfalls leistungsfähige Suchmaschinen an, mit denen Sie Fachbücher anhand von Stichworten suchen können. Zeitschriftenartikel werden Sie hier allerdings nicht finden. Wenn Sie möchten, können Sie die Bücher auch sofort bestellen, was in der Regel nicht länger dauert und nicht mehr kostet als beim Buchhändler um die Ecke. Mittlerweile bieten Internetbuchhandlungen auch gebrauchte Bücher an, die dann meist deutlich billiger sind als entsprechende Neuware. Eine weitere Möglichkeit, preiswert an gebrauchte Bücher zu kommen, sind die im Internet vertretenen Antiquariate.

@ Links

Zugang zu Literaturdatenbanken und Dokumenten-Lieferdiensten erhalten Sie grundsätzlich über die Webseiten der Universitätsbibliothek oder Ihres Fachbereichs. Als Einstieg empfehlen sich darüber hinaus folgende Internetadressen, die eine Fülle weiterführender Links und Informationen rund um das Thema Literaturrecherche bieten:

☐ *http://www.subito-doc.de*
☐ *http://www.gbv.de*
☐ *http://www.bsz-bw.de*

Internetbuchhandlungen mit umfangreichem Sortiment sind beispielsweise

☐ *http://www.amazon.de*
☐ *http://www.libri.de*
☐ *http://www.booxtra.de*

Die im Zentralen Verzeichnis Antiquarischer Bücher (ZVAB) zusammengeschlossenen Antiquariate stellen ihr Gesamtverzeichnis mitsamt einer Suchmaschine unter *http://www.antiquariat.net* zur Verfügung.

✔ Wo findet man themenbezogene Literaturquellen?

☐ Nehmen Sie sich die Quellen vor, die der Autor Ihrer Einstiegsliteratur zitiert.

☐ Suchen Sie in den Inhaltsverzeichnissen der wichtigsten (auch englischsprachigen) Fachzeitschriften nach themenbezogenen Aufsätzen.

☐ Recherchieren Sie in allgemeinen und fachspezifischen Literaturdatenbanken.

☐ Besorgen Sie sich Fachbücher und -zeitschriften, die in der Bibliothek nicht verfügbar sind, per Fernleihe.

☐ Nehmen Sie einen Dokumenten-Lieferdienst in Anspruch, um an Kopien von Fachzeitschriftenartikeln zu kommen.

☐ Suchen Sie in den elektronischen Katalogen von Internetbuchhandlungen nach passenden Literaturquellen.

7.5 Arbeiten am PC

PCs sind inzwischen zum unverzichtbaren Handwerkszeug jedes Studenten geworden. Zwar ist es in einigen Studiengängen immer noch möglich, gänzlich ohne PC auszukommen und sich allein auf Schreibmaschine, Bücher, Taschenrechner und andere eher konventionelle Arbeitsmittel zu verlassen. In Anbetracht der äußerst vielfältigen Anwendungsmöglichkeiten von PCs ist dies jedoch falscher Ehrgeiz, der dem Ziel eines schnellen Studiums kaum dienlich ist.

Ausstattung

Spätestens mit dem Beginn Ihres Studiums sollten Sie sich einen PC anschaffen. Für die meisten Anwendungen genügt das preiswerteste Modell mit minimaler Ausstattung vollauf. Topmodelle, die dem aktuellen Stand der Technik entsprechen, sind fast immer unverhältnismäßig teuer und nur dann erforderlich, wenn Sie überwiegend aufwändige Grafikprogramme wie etwa Videoschnitt oder die neuesten Spiele benutzen wollen. Zudem gehören auch die jeweils aktuellen Topmodelle in der Regel bereits nach wenigen Monaten zur zweiten Klasse, weil inzwischen die nächste Generation auf den Markt gekommen ist. Ein gebrauchtes Gerät sollte bei der Anschaffung aber nicht älter als zwei bis drei Jahre sein.

Fast alle angebotenen Geräte verfügen serienmäßig über die erforderliche Mindestausstattung. Damit können Sie in jedem Fall Textverarbeitung betreiben und haben einen Internetzugang. Achten Sie darauf, dass der Monitor, das Betriebssystem und Standardsoftware im Preis enthalten sind. Bei der Wahl des Betriebssystems orientieren Sie sich am besten an dem, was Ihre Kommilitonen und Ihre sonstigen Bekannten benutzen, denn damit erleichtern Sie sich den Datenaustausch und die gegenseitige Hilfeleistung.

Textverarbeitung

Zur Standardsoftware eines PCs gehört in jedem Fall die Textverarbeitung. Dieses Programm werden Sie wahrscheinlich sehr häufig benutzen, denn damit lassen sich Textdokumente aller Art erstellen und bearbeiten. Textverarbeitungsprogramme besitzen unzählige Funktionen, die gerade dem Verfasser einer wissenschaftlichen Arbeit das Leben leicht machen. Dazu gehören nicht nur die uneingeschränkten Korrektur- und Umgestaltungsmöglichkeiten, sondern auch Silbentrennung und Rechtschreibkorrektur, Fußnotenverwaltung, automatisch erzeugte Inhaltsverzeichnisse und vieles mehr. Tabellen- und Formelsatz sowie die Möglichkeit zur

Einbindung von Grafiken, Diagrammen und Bildern erleichtern vor allem die Gestaltung naturwissenschaftlicher Arbeiten.

Die vorherige Ausformulierung des Textes auf Papier ist bei Benutzung eines Textverarbeitungsprogramms weitgehend überflüssig. Da Sie jederzeit die Möglichkeit haben, bereits geschriebene Wörter zu ersetzen, die Satzstellung zu ändern und sogar ganze Absätze umzustellen, können Sie den Text ohne weiteres direkt in die Tastatur eingeben. Dies führt zu einer spürbaren Zeitersparnis, da sie den Text nicht erst noch abtippen müssen. Außerdem sehen Sie sofort, wie viel Text auf eine Seite passt. Schon manch einer hat eine böse Überraschung erlebt, als er seine handgeschriebenen Textseiten abtippte. In maschinegeschriebener Form schrumpfte das Manuskript auf viel weniger Seiten zusammen, als vom Prüfungsamt mindestens verlangt wurden. Durch geringfügige Modifikationen der Schriftgröße, des Zeilen- und Absatzabstands sowie der Seitenränder können Sie die Seitenzahl Ihrer Arbeit zwar beeinflussen, ohne Ergänzungen oder Kürzungen am Text vornehmen zu müssen. Wenn Sie diese Tricks aber übertreiben, dürfte das dem Prüfungsamt nicht entgehen.

> **Tipp:** Die Arbeit mit einem Textverarbeitungsprogramm geht natürlich erheblich schneller vonstatten, wenn Sie das Zehnfingersystem beherrschen. Kurse im Maschineschreiben werden an vielen Universitäten, an Volkshochschulen und von privaten Lehrinstituten angeboten, wobei Letztere allerdings recht teuer sind. Natürlich gibt es auch zahlreiche Bücher zum Selbststudium. Bei Ihrer Abschlussarbeit, aber auch bei Seminar- und sonstigen schriftlichen Hausarbeiten, kann der mögliche Zeitgewinn dabei helfen, die vorgegebene Bearbeitungszeit einzuhalten. Es ist folglich sehr empfehlenswert, spätestens zu Beginn des Hauptstudiums einen Lehrgang im Maschineschreiben zu absolvieren.

Internet

Die Bedeutung des Internets als universelles Informations- und Kommunikationsmedium kann kaum überschätzt werden. Ein Internetzugang ist deshalb für Sie als Student nahezu unverzichtbar. Am preiswertesten, aber auch am langsamsten, ist der Anschluss über ein Modem und eine analoge Telefonleitung. Etwas schneller ist der Zugriff mit einem ISDN-Anschluss, dafür sind aber die monatlichen Gebühren deutlich höher. Für denjenigen, der sehr viel mit dem Internet arbeitet, kann sich ein so genannter DSL-Anschluss lohnen, der allerdings noch teurer ist.

Die mit einem DSL-Anschluss erzielbaren Datenübertragungsraten übertreffen selbst diejenigen eines ISDN-Anschlusses um ein Mehrfaches.

Neben PC, Modem und Telefonanschluss brauchen Sie noch einen Provider, der Ihnen den Internetzugang ermöglicht. Vom Provider erhalten Sie eine Telefonnummer, einen Benutzernamen und ein geheimes Passwort sowie eventuell spezielle Zugangssoftware. Sie installieren diese Software und lassen sie über das Modem die Telefonnummer des Providers anwählen. Nach Eingabe Ihres Benutzernamens und des Passworts wird die Internetverbindung hergestellt. Der Provider verlangt dafür von Ihnen Gebühren, die sich in der Regel aus einer monatlichen Pauschale und ein paar Cent pro Verbindungsminute zusammensetzen.

Der wohl bekannteste Dienst des Internets ist das WWW (World Wide Web). Es besteht aus Milliarden einzelner Dokumente, die von Unternehmen, Privatleuten, Universitäten und anderen Organisationen frei erstellt und von jedem Internetbenutzer eingesehen werden können. Jedes Dokument, im WWW auch „Seite" genannt, hat einen eindeutigen Namen, die so genannte „Adresse". Auf fast allen Seiten befinden sich Verknüpfungen („Links") zu anderen, meist inhaltlich verwandten Seiten. Diese Links ermöglichen das schnelle Springen von einer Seite zur nächsten.

Wie findet man nun unter all den vielen Seiten diejenige, die genau die gesuchte Information enthält? Am einfachsten ist es, sich einer Suchmaschine zu bedienen. Eine Suchmaschine ist eine Seite, die nach Eingabe von Suchbegriffen Links zu anderen Seiten bereitstellt, in denen der oder die Suchbegriffe vorkommen. Dabei kommt es darauf an, die richtigen Suchbegriffe zu verwenden. Ist der Suchbegriff zu allgemein, erhält man Tausende von Links, von denen wahrscheinlich nur wenige zur tatsächlich gesuchten Information führen. In diesem Fall muss die Suche durch zusätzliche Begriffe eingegrenzt werden. Hat man dagegen zu viele Suchbegriffe eingegeben oder sich bei einem Suchbegriff vertippt, findet die Suchmaschine unter Umständen überhaupt keine passende Seite. Generell können Sie aber davon ausgehen, dass es zu jedem nur denkbaren Thema mindestens eine Internetseite gibt. Die Herausforderung besteht lediglich darin, diese zu finden.

@ Links

Es gibt sowohl deutschsprachige als auch internationale Suchmaschinen im Internet. Hier ist eine Auswahl der bekanntesten Suchmaschinen:
- ☐ *http://www.allesklar.de*
- ☐ *http://www.altavista.com*

☐ *http://www.fireball.de*
☐ *http://www.google.de*
☐ *http://www.lycos.de*
☐ *http://www.yahoo.de*

Das WWW ist aber nicht der einzige Dienst, den das Internet zur Verfügung stellt. Da Sie von Ihrem Provider eine eigene E-Mail-Adresse erhalten, können Sie auch am E-Mail-Verkehr teilnehmen. E-Mails sind eine sehr schnelle und kostengünstige Kommunikationsart, weil das Versenden und Empfangen von E-Mails nur wenige Sekunden dauert und keine zusätzlichen Gebühren anfallen.

Ein weiterer interessanter, aber oft vernachlässigter Internetdienst ist das Usenet. Im Usenet befinden sich Tausende von themenbezogenen Diskussionsforen, zu denen jeder Beiträge leisten und die Beiträge anderer lesen kann. Es gibt alle nur denkbaren Themen von Hobbys bis zu wissenschaftlichen Spezialgebieten, darunter auch solche mit Bezug auf Ihr Studienfach. Manche Foren sind eher für Anfänger, andere nur für Fachleute geeignet. Oft entstehen in einem Forum längere Diskussionen, die mit einer themenbezogenen Frage eines Mitglieds beginnen und dann in verschiedene Richtungen abdriften. Englischsprachige Diskussionsforen sind dank internationaler Beteiligung in der Regel vielfältiger und interessanter als deutschsprachige Foren. Außerdem bietet sich hier die Möglichkeit, Ihre Englischkenntnisse zu trainieren.

Sonstige Anwendungen

Zu der im Lieferumfang eines PCs enthaltenen Standardsoftware gehört neben der Textverarbeitung und einem Internetbrowser meist noch ein Paket mit weiteren Programmen, die für Sie nützlich sein können. Fachspezifische Spezialsoftware wie etwa Zeichenprogramme für Ingenieure und Architekten, Programmentwicklungssoftware für Informatiker oder Notensatzprogramme für Musikwissenschaftler müssen dagegen fast immer separat angeschafft werden.

 Tipp: Mitunter sehr preiswerte ältere Versionen von Programmen können Sie bei Auktionen im Internet ersteigern. Dafür lohnt sich insbesondere ein Besuch von *http://www.ebay.de*

Für die Erstellung von Tabellen, für umfangreiche Berechnungen und für die grafische Darstellung von Zahlenmaterial eignen sich Tabellenkalkulationsprogramme. Zwar können Sie Tabellen auch mit der Textverarbeitung erstellen, jedoch liegt dabei der Schwerpunkt auf der Darstellung der Tabelle. Eine Tabellenkalkulation ermöglicht zusätzlich die Verarbeitung der in die Tabelle eingetragenen Zahlen durch Berechnungen und durch die Erstellung von Balken-, Torten-, Linien- und anderen Diagrammen. Tabellenkalkulationsprogramme verfügen in der Regel auch über Datenbank-, und Statistikfunktionen, sodass die Anschaffung entsprechender Spezialsoftware überflüssig wird. Auch zur Führung eines Haushaltsbuchs (vgl. dazu Kapitel 1.4) und eines Arbeitszeitkontos (vgl. dazu Kapitel 4.4, Arbeitszeitkonto) eignet sich die Tabellenkalkulation.

Einfache Grafiken lassen sich ohne weiteres mit der Textverarbeitung erstellen. Wer im Verlauf seines Studiums viele schriftliche Arbeiten mit teils aufwändigen Grafiken erstellen muss, ist jedoch mit einem universellen Grafikprogramm besser bedient. Die Stärken von Grafikprogrammen liegen in der Gestaltung anspruchsvoller Grafiken mit beliebig gekrümmten Kurven, Schattierungen, Farbverläufen, 3D-Effekten und anderen eher künstlerisch anmutenden Elementen. Sie eignen sich darüber hinaus auch sehr gut zur Anfertigung von Strukturdiagrammen und ähnlichen Zeichnungen zur Veranschaulichung komplizierter Zusammenhänge.

Darüber hinaus gibt es Unmengen weiterer Programme, die Sie auf Ihrem PC installieren können, darunter auch zahlreiche Spezialprogramme für Ihr Studienfach. Auf die Anwendung von Präsentations- und Projektplanungsprogrammen wurde bereits an anderer Stelle eingegangen (vgl. dazu Kapitel 3.4 und 7.3). Für alle diese Programme gilt jedoch, dass sich der Umgang mit deren meist sehr zahlreichen Funktionen selten innerhalb weniger Stunden erlernen lässt. Damit diese Lehrzeit nicht zu Lasten der für eine schriftliche Arbeit zur Verfügung stehenden Bearbeitungszeit geht, sollten Sie sich schon vorher intensiv mit den benötigten Programmen beschäftigen. Dazu müssen Sie nicht unbedingt Lehrgänge besuchen oder teure Bücher kaufen. Am besten erlernen Sie den Umgang mit einem Programm, indem Sie regelmäßig damit arbeiten. Zumindest die Textverarbeitung und das Internet sollten von Beginn an zu den wichtigsten Arbeitsmitteln in Ihrem Studium zählen.

Datensicherung

Abschließend noch ein Hinweis, der Ihnen unter Umständen großen Ärger und viel unnötige Arbeit ersparen kann: Erstellen Sie unbedingt jeden Tag Sicherungskopien aller Dateien, an denen Sie gearbeitet haben. Besser sind sogar mehrere Sicherungskopien am Tag. Wenn irgendetwas mit Ihrem PC schief geht, haben Sie im ungünstigsten Fall keinen Zugriff mehr auf die mühsam erstellten Texte, Zeichnungen und sonstigen Daten auf der Festplatte. Wer dann keine Sicherungskopien auf Disketten oder CDs hat, kann noch einmal ganz von vorn anfangen. Besonders vorsichtige Zeitgenossen bewahren die Sicherungskopien sogar an einem anderen Ort auf, um auch gegen Feuer, Einbruch usw. abgesichert zu sein.

> **Tipp:** Sind Ihre Dokumente, aus welchem Grund auch immer, nicht mehr lesbar, wenden Sie sich am besten an einen Computerspezialisten aus Ihrem Bekanntenkreis. Er wird unter Umständen in der Lage sein, die defekten Dateien wenigstens teilweise zu regenerieren. Kommerzielle Datenregenerierer sind für Sie als Student praktisch unbezahlbar.

Da CD-Brenner heutzutage zur Standardausstattung von PCs gehören, bieten sich CDs als Datensicherungsmedium an. CD-Rohlinge sind inzwischen so billig, dass es sich nicht lohnt, ältere Sicherungskopien zwecks Wiederverwendung der Datenträger zu überschreiben. Dies hat den Vorteil, dass Sie im Notfall auch auf alle älteren Versionen der gesicherten Daten noch zugreifen können. Am besten speichern Sie alle von Ihnen selbst erstellten Dateien in einem separaten Verzeichnisbaum auf der Festplatte. Es genügt dann, regelmäßig diesen Verzeichnisbaum zu sichern, was kaum länger als einige Minuten pro Datensicherung dauern dürfte. Wer meint, sich die Arbeit täglicher Datensicherung sparen zu können, verdient im Falle eines Unglücks kein Mitleid.

✔ Wie kann man den PC im Studium sinnvoll einsetzen?

☐ Erstellen Sie von Anfang an alle schriftlichen Arbeiten mit dem PC.

☐ Machen Sie sich mit den vielfältigen Funktionen Ihres Textverarbeitungsprogramms vertraut.

☐ Gewöhnen Sie sich an, Ihre Texte direkt am PC auszuformulieren, statt vorher alles auf Papier zu schreiben.

☐ Eignen Sie sich möglichst frühzeitig das Zehnfingersystem an.

☐ Richten Sie sich einen Internetzugang ein.

☐ Verwenden Sie Suchmaschinen, um im WWW Seiten mit den von Ihnen benötigten Informationen zu finden.

☐ Nehmen Sie an deutsch- und fremdsprachigen Diskussionsforen im Usenet teil.

☐ Besorgen Sie sich fachspezifische Spezialsoftware.

☐ Bedienen Sie sich eines Tabellenkalkulationsprogramms zur Durchführung umfangreicher Berechnungen und zur Erstellung von Diagrammen.

☐ Erlernen Sie den Umgang mit den verschiedenen Programmen möglichst bevor Sie diese im Rahmen einer umfangreichen schriftlichen Arbeit anwenden müssen.

☐ Erstellen Sie regelmäßig Sicherungskopien Ihrer Daten.

8 Zwei fiktive Studienverläufe

8.1 Vorbemerkungen

Im ersten Kapitel dieses Ratgebers wurde die Behauptung aufgestellt, ein zügiges Studium erfordere keinen höheren Arbeitsaufwand als ein langsames Studium (vgl. dazu Kapitel 1.2, Arbeitsaufwand). Die Richtigkeit dieser Behauptung soll nun, da Sie die erforderlichen Techniken kennen, anhand der Gegenüberstellung zweier fiktiver Studienverläufe belegt werden. Dabei zeigt sich insbesondere, dass durch eine gleichmäßigere Verteilung des Arbeitsaufwands die insgesamt in das Studium investierte Zeit reduziert werden kann, ohne dass das durchschnittliche wöchentliche Arbeitspensum erhöht werden muss.

Zu diesem Zweck wird die Verteilung des wöchentlichen Arbeitspensums zweier Studentinnen, die wir Andrea und Bettina nennen wollen, während ihres gesamten Studiums näher untersucht. Beide absolvieren den Diplomstudiengang „Volkswirtschaftslehre" an derselben Universität. Ihr Arbeitsstil ist allerdings sehr unterschiedlich. Während Andrea alle Veranstaltungen systematisch nachbereitet und sich auch in den Semesterferien regelmäßig Zeit für ihr Studium nimmt, arbeitet Bettina nur bedarfsweise, also vor allem unter dem Druck unmittelbar bevorstehender Prüfungen.

Unter einem „Arbeitsaufwandsprofil" soll im Folgenden die Verteilung des wöchentlichen Arbeitsaufwands über die gesamte Dauer des Studiums verstanden werden. Der wöchentliche Arbeitsaufwand ist die Zeit, die man im Verlauf einer Woche seinem Studium widmet. Dazu zählen beispielsweise der Besuch von Vorlesungen, die Teilnahme an Übungen, Seminaren und Laborpraktika, Prüfungsvorbereitungen und sonstige Lernarbeit sowie die Anfertigung von schriftlichen Arbeiten, wie etwa Seminararbeiten oder die Diplomarbeit.

Abb. 18 und Abb. 19 zeigen die Arbeitsaufwandsprofile von Andrea und Bettina in Form von Balkendiagrammen. Jeder Balken repräsentiert eine Woche des Studiums. Die Höhe der Balken entspricht jeweils dem wöchentlichen Arbeitsaufwand in Stunden (0 bis 60). Um die einzelnen Semester besser vergleichen zu können, wird vereinfachend angenommen, dass alle Studienjahre hinsichtlich der Dauer der Vorlesungszeiten und der Ferien sowie deren Beginn und Ende gleich sind. In der Realität verschieben sich diese Daten jedes Jahr um bis zu mehrere Wochen.

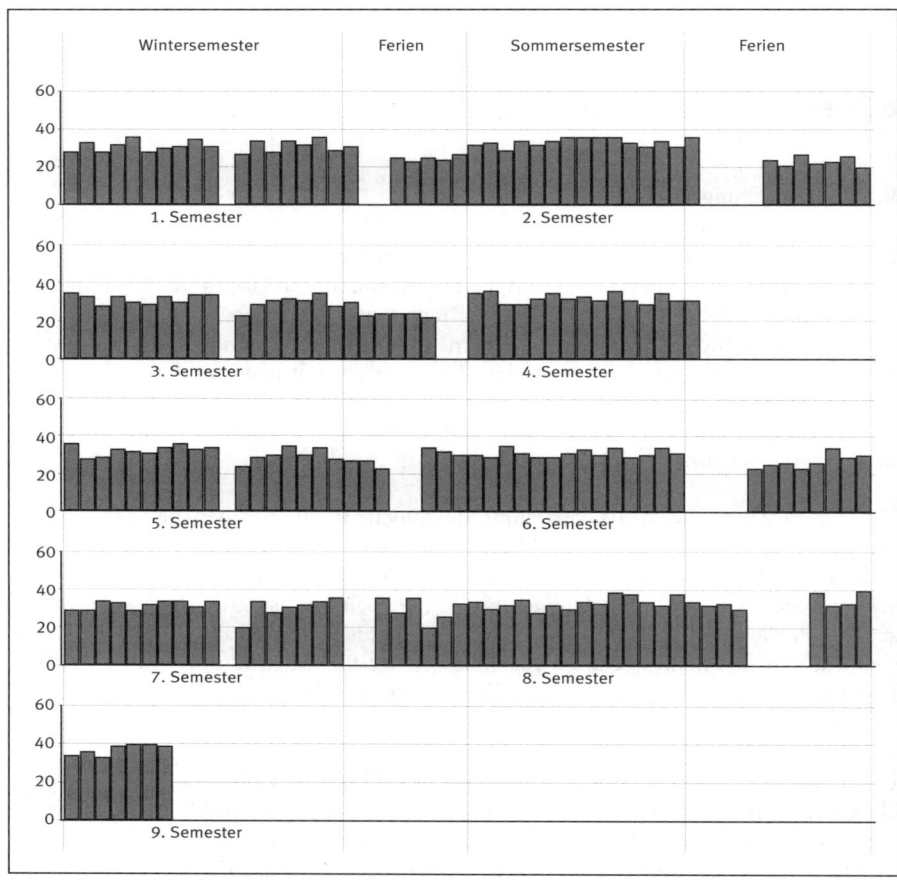

Abb. 18: Arbeitsaufwandsprofil von Andrea (9 Semester)

Rechte Seite: **Abb. 19:** Arbeitsaufwandsprofil von Bettina (13 Semester)

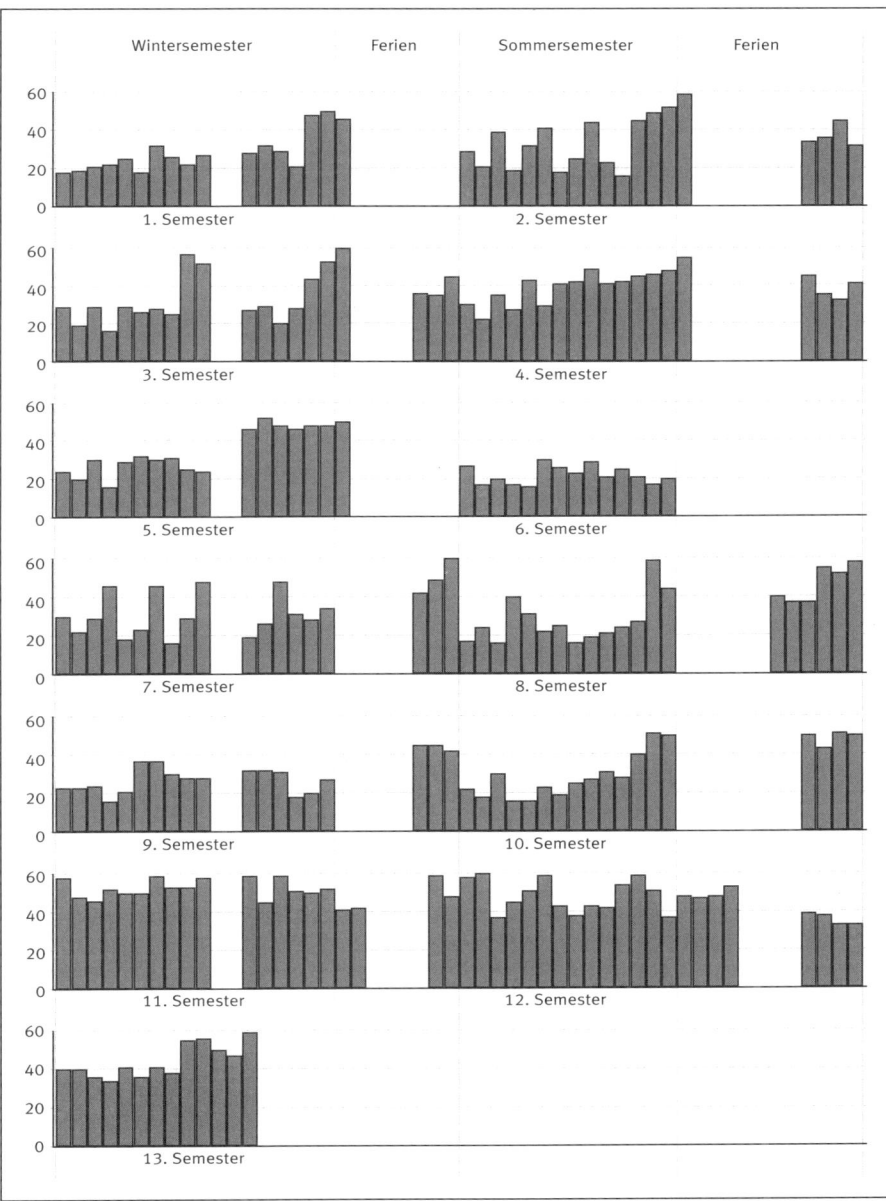

Damit sich die Studienverläufe unserer beiden Studentinnen genau verfolgen lassen, müssen vorab einige Annahmen über die Prüfungsmodalitäten getroffen werden. Für das Grundstudium seien offiziell vier Semester vorgesehen. Gemäß der Empfehlung des Fachbereichs verteilen sich die prüfungsrelevanten Veranstaltungen gleichmäßig auf alle vier Semester (vgl. dazu Kapitel 2.2, Musterstundenpläne). Schriftliche oder mündliche Prüfungen finden jeweils in der ersten Woche der Semesterferien statt. Wer alle Prüfungen bestanden hat, erhält vom Prüfungsamt gegen Vorlage der entsprechenden Belege sein Zwischenprüfungszeugnis.

Die Prüfungen in den Fächern des Hauptstudiums mögen dagegen in einem einzigen vierwöchigen Block stattfinden. Voraussetzung für die Anmeldung zum Examen sei der Nachweis der erfolgreichen Teilnahme an einer festgelegten Zahl von Fortgeschrittenenübungen und Seminaren. Andrea und Bettina sollen sich beispielsweise unabhängig voneinander für die folgende Kombination entschieden haben:

- eine Fortgeschrittenenübung mit mehreren Zwischenklausuren,
- eine Fortgeschrittenenübung mit einer Abschlussklausur,
- zwei während der Vorlesungszeit stattfindende Seminare und
- ein Blockseminar.

Zu jedem Seminar muss eine schriftliche Arbeit eingereicht werden, die Grundlage eines zu haltenden Referats ist. Für die Anfertigung der Seminararbeiten stehe jeweils eine Frist von drei Wochen ab der Vergabe des Themas zur Verfügung.

Als krönender Abschluss des Studiums folgt nach dem Examen noch die Diplomarbeit. Die dafür vorgesehene Bearbeitungszeit von drei Monaten kann auf Antrag um einen Monat verlängert werden.

8.2 Andrea: 9 Semester

Andrea hat während der Vorlesungszeit ein Arbeitspensum von durchschnittlich 32 Stunden pro Woche. Darin sind neben der Teilnahme an Veranstaltungen unter anderem Zeiten für die regelmäßige Nachbereitung aller Vorlesungen, die Lösung von Übungsaufgaben, Prüfungsvorbereitungen sowie das Durcharbeiten von Lehrbüchern und sonstiger Literatur enthalten.

Während der Semesterferien gönnt sich Andrea stets einige Wochen Urlaub, um auch einmal vollkommen abschalten zu können und sich vom Studienalltag zu erholen. In der übrigen vorlesungsfreien Zeit reduziert sie ihr wöchentliches Arbeitspensum auf durchschnittlich 24 Stunden, sofern keine Seminararbeiten mit festem Abgabetermin anzufertigen sind, die ein höheres Arbeitspensum erfordern. Den größten Teil der Semesterferien verbringt sie mit der Wiederholung des Lernstoffs der Vorlesungen des jeweils vorhergehenden Semesters.

Damit sie den Anschluss an die laufenden Vorlesungen nicht verliert, nutzt Andrea stets auch einen Teil der Weihnachtsferien zum Lernen. Diese Zeit eignet sich ihrer Meinung nach besonders gut zur Klärung offen gebliebener Fragen und zur Vertiefung besonders schwieriger Themen. So gerüstet, kann sie auch die restlichen Wochen des Wintersemesters ohne größere Verständnisschwierigkeiten überstehen.

Grundstudium

Im Grundstudium hält sich Andrea weitgehend an die vom Fachbereich empfohlenen Stundenpläne. Für Prüfungsvorbereitungen muss sie generell nur wenig Zeit aufwenden, weil sie dank der regelmäßigen Nachbereitung aller Veranstaltungen keine größeren Wissenslücken hat und die prüfungsrelevanten Vorlesungen selten mehr als zwei Semester zurückliegen. Sie absolviert sämtliche Prüfungen zum jeweils frühestmöglichen Zeitpunkt und muss keine Prüfung wiederholen. Dadurch kann sie das Grundstudium tatsächlich nach vier Semestern abschließen und sich zur Belohnung anschließend eine mehrmonatige Urlaubsreise gönnen.

Hauptstudium

Anstelle der gegen Ende jedes Grundstudiumssemesters stattfindenden Klausuren und mündlichen Prüfungen ist während des Hauptstudiums die erfolgreiche Teilnahme an diversen Fortgeschrittenenübungen und Seminaren vorgeschrieben. Andrea nimmt bereits im fünften Semester an einer Fortgeschrittenenübung teil, im sechsten Semester an einer weiteren Fortgeschrittenenübung und dem ersten Seminar, und im siebten Semester am zweiten Seminar (siehe Abb. 20). Die Teilnahme an den Seminaren erfordert in den letzten drei Wochen der jeweils vorhergehenden Semesterferien zusätzlichen Zeitaufwand für die Anfertigung der Seminararbeiten. Im Anschluss an das siebte Semester belegt sie ein zum Ende der Semesterferien stattfindendes Blockseminar. Der Abgabetermin für die zugehörige Seminararbeit liegt zwei Wochen vor Beginn des Blockseminars.

Semester	Schein
5	1. Fortgeschrittenenübung (mit mehreren Zwischenklausuren)
6	2. Fortgeschrittenenübung (mit Abschlussklausur) 1. Seminar
7	2. Seminar
8	3. Seminar (Blockseminar in den vorhergehenden Semesterferien)

Abb. 20: Andreas Fortgeschrittenenübungen und Seminare

Somit hat Andrea schon zu Beginn des achten Semesters alle erforderlichen Scheine in der Tasche und kann sich nun voll und ganz den restlichen Vorlesungen sowie der Vorbereitung auf das Examen widmen. Die Examensvorbereitung beschränkt sich auf wenige Wochen und lässt sich ohne größeren zeitlichen Mehraufwand parallel zu den Veranstaltungen des achten Semesters durchführen. Schließlich liegen die prüfungsrelevanten Vorlesungen höchstens vier Semester zurück, und der Lernstoff ist durch die regelmäßige Nachbereitung und die zusätzliche Wiederholung in den jeweils folgenden Semesterferien gut gefestigt. Andrea kann folglich ihr Examen in den vier ersten Wochen der Sommersemesterferien ablegen und erhält die Gesamtnote „gut".

Diplomarbeit

Anschließend wird wieder ein Urlaub fällig, denn der nächste Termin für die Vergabe der Diplomarbeitsthemen liegt vier Wochen vor dem Ende der Semesterferien. Andrea wählt ein Thema, das zwar nicht hundertprozentig ihren Interessen entspricht, von dem sie aber glaubt, es relativ schnell abhandeln zu können. Das Thema erweist sich im Nachhinein sogar als interessanter als ursprünglich erwartet. Es fällt ihr somit nicht schwer, ihr wöchentliches Arbeitspensum auf fast 40 Stunden zu steigern. Dadurch gelingt es ihr, die Arbeit in nur elf Wochen, also zwei Wochen vor dem offiziellen Abgabetermin, fertigzustellen. Da sie ihre Diplomarbeit als eine der ersten einreicht, zieht sich die Begutachtung durch den zuständigen Professor und seine Mitarbeiter nicht übermäßig lange hin. Die Arbeit wird ebenfalls mit der Note „gut" bewertet.

Fazit

Andrea hält schließlich noch vor dem Ende des neunten Semesters ihr Diplomzeugnis mit der Gesamtnote „gut" in den Händen. Über zu viel Stress während des

Studiums kann sie sich nicht beklagen, denn sie musste nie mehr als 40 Stunden pro Woche arbeiten. Durchschnittlich 32 Stunden Arbeit pro Woche in der Vorlesungszeit und 24 Wochenstunden in den Semesterferien empfindet sie nicht als unzumutbare Belastung.

Sofern Sie selbst schon einige Semester hinter sich haben, mögen Ihnen Andreas Arbeitsaufwandsprofil und der zugrunde liegende Studienverlauf recht untypisch erscheinen. Natürlich handelt es sich um einen idealisierten Studienverlauf, der nur wenig Ähnlichkeit mit den meisten tatsächlichen Studienverläufen hat. Die Beschreibung eines normalen Studienverlaufs wurde auch nicht beabsichtigt. Andreas Studienverlauf soll lediglich die Möglichkeiten aufzeigen, die in einer guten Organisation des Studiums und einer sinnvollen Verteilung des Arbeitsaufwands stecken.

Das nachfolgend beschriebene Arbeitsaufwandsprofil von Andreas Kommilitonin Bettina ist dagegen sehr viel typischer. Die Mehrzahl aller Studenten studiert nach diesem Schema.

8.3 Bettina: 13 Semester

Beim Vergleich von Abb. 18 und Abb. 19 springt die Unregelmäßigkeit von Bettinas Arbeitsaufwandsprofil sofort ins Auge. Ihr wöchentliches Arbeitspensum wird im Wesentlichen durch ihre Stundenpläne und die jeweils unmittelbar bevorstehenden Prüfungen bestimmt. Es kommt deshalb des Öfteren vor, dass sie bis zu 60 Stunden pro Woche intensiv büffeln muss.

Grundstudium

Das zeigt sich schon im ersten Semester. Obwohl Andrea und Bettina den gleichen Stundenplan haben, kommt Bettina anfangs nur auf ein durchschnittliches wöchentliches Arbeitspensum von 24 Stunden. Das sind immerhin acht Stunden weniger als bei Andrea. Die Differenz kommt dadurch zustande, dass sich Bettina im Gegensatz zu Andrea keine Zeit für die systematische Nachbereitung aller Veranstaltungen nimmt, sondern nur gelegentlich ein paar Übungsaufgaben rechnet oder gemeinsam mit Kommilitonen einen Nachmittag mit Lernen verbringt, Sie verliert deshalb bereits nach wenigen Wochen in einigen Vorlesungen den Faden. Zwar schreibt sie weiterhin fleißig mit, jedoch entgehen ihr des Öfteren wichtige Details, weil sie einen Teil des Lernstoffs nicht sofort versteht. Die Mitschriften heftet sie zu Hause sorgfältig ab.

Erst zwei Wochen vor dem Ende des ersten Semesters holt Bettina ihre Vorlesungsmitschriften wieder hervor und beginnt, sich auf die anstehenden Klausuren und mündlichen Prüfungen vorzubereiten. Da sie den Lernstoff während des Semesters noch nicht vollständig verstanden und teilweise wieder vergessen hat, muss sie in diesen zwei Wochen sämtliche prüfungsrelevanten Vorlesungen und Übungen aufarbeiten. Trotz ihres hohen Arbeitseinsatzes ist das in der kurzen Zeit unmöglich zu schaffen. Sie beschließt deshalb kurzerhand, eine der Prüfungen auf das zweite Semester zu verschieben.

Der unerwartet hohe Stress in den letzten beiden Wochen der Vorlesungszeit und in der anschließenden Prüfungswoche hat Bettina derart zugesetzt, dass sie die Wintersemesterferien, wie schon die zweiwöchigen Weihnachtsferien, ausschließlich zur Erholung nutzt.

Das zweite Semester verläuft ähnlich. Da in einem der Prüfungsfächer alle paar Wochen Zwischenklausuren stattfinden, ergeben sich deutliche Spitzen im Arbeitsaufwandsprofil, die auf Bettinas Klausurvorbereitungen zurückzuführen sind. Um die schlechten Erfahrungen des ersten Semesters nicht zu wiederholen, beginnt sie jetzt bereits drei Wochen vor dem Ende des Semesters mit der Vorbereitung der Prüfungen. Zwar kann sie die im ersten Semester ausgelassene Prüfung erfolgreich nachholen, fällt jedoch in einer anderen Prüfung durch. Sie muss also erneut eine Altlast ins nächste Semester mitschleppen. Aus diesem Grund nimmt sie sich vor, in den Sommersemesterferien wenigstens vier Wochen lang zu lernen.

Auch im dritten Semester behält Bettina ihr gewohntes Schema bei. Sie widmet sich in der Vorlesungszeit weiterhin durchschnittlich 24 Stunden pro Woche ihrem Studium und bereitet sich fallweise intensiv auf Prüfungen und Zwischenklausuren vor. Einen Teil der Semesterferien verbringt sie mit der Wiederholung des Lernstoffs von Vorlesungen, wobei sie sich ein übertrieben hohes Arbeitspensum von durchschnittlich 40 Stunden pro Woche zumutet.

Erst im vierten Semester legt Bettina so richtig los und steigert ihr wöchentliches Arbeitspensum auf bis zu 50 Stunden. Da sich die Prüfungen gegen Ende des Grundstudiums häufen und zudem noch zahlreiche Veranstaltungen aus früheren Semestern aufzuarbeiten sind, muss sie ihren ursprünglichen Plan, das Grundstudium nach vier Semestern abzuschließen, am Ende doch aufgeben und ein weiteres Semester anhängen.

Bettina lässt das fünfte Semester zunächst eher ruhig angehen, indem sie einige besonders schwierige Vorlesungen ein zweites Mal hört. Im Anschluss an die

Weihnachtsferien setzt sie schließlich zum Endspurt an und absolviert nach einer sechswöchigen Periode intensiven Büffelns die restlichen Prüfungen des Grundstudiums. In Anbetracht der Tatsache, dass viele Kommilitonen für das Grundstudium sogar sechs Semester benötigen, ist Bettina mit ihrer Leistung durchaus zufrieden.

Hauptstudium

Die Anstrengung der sechswöchigen Prüfungsvorbereitung sitzt Bettina nach den subjektiv viel zu kurzen Wintersemesterferien noch in den Knochen. Sie nimmt deshalb in ihrem ersten Hauptstudiumssemester, wie die meisten ihrer Kommilitonen, noch nicht an Fortgeschrittenenübungen oder gar Seminaren teil und nutzt das Semester eher zu Orientierungszwecken.

Im siebten Semester belegt Bettina eine Fortgeschrittenenübung mit Zwischenklausuren und im achten Semester eine Fortgeschrittenenübung mit Abschlussklausur sowie ein Seminar (siehe Abb. 21). Auch im neunten Semester nimmt sie an einem Seminar teil. Da sich die Seminare jeweils auf den Lernstoff einer Vorlesung aus dem vorhergehenden Semester beziehen und Bettina auf eine regelmäßige Nachbereitung weiterhin verzichtet, ist die Anfertigung der Seminararbeiten mit vergleichsweise hohem Aufwand verbunden. Auch auf die Klausuren und die in den Seminaren zu haltenden Referate muss sie sich gründlich vorbereiten. Dennoch besteht sie die Abschlussklausur der im achten Semester stattfindenden Fortgeschrittenenübung nicht und muss deshalb im zehnten Semester an einer anderen Fortgeschrittenenübung teilnehmen, um den fehlenden Schein doch noch zu erlangen.

Semester	Schein
7	1. Fortgeschrittenenübung (mit mehreren Zwischenklausuren)
8	2. Fortgeschrittenenübung (mit Abschlussklausur) 1. Seminar
9	2. Seminar
10	2. Fortgeschrittenenübung (mit Abschlussklausur, Wiederholung)
12	3. Seminar (Blockseminar in den vorhergehenden Semesterferien)

Abb. 21: Bettinas Fortgeschrittenenübungen und Seminare

In den Semesterferien nimmt sich Bettina nach wie vor nur wenige Wochen Zeit für ihr Studium. Sie hält inzwischen eine Aufteilung der Semesterferien nach dem Motto „ein Drittel Urlaub, ein Drittel Jobben und ein Drittel Lernen" für ideal.

Mit der Vorbereitung auf das Examen beginnt Bettina im elften Semester, in dem sie nur noch wenige Vorlesungen und ein Blockseminar zu besuchen hat. Beides erledigt sie mehr oder weniger nebenbei. Ansonsten sitzt sie fast zwei Semester lang 40 bis 60 Stunden pro Woche zu Hause oder im Lesesaal der Bibliothek und lernt. Es ist eine außerordentlich harte Zeit. Da die prüfungsrelevanten Vorlesungen bis zu sechs Semester zurückliegen und von ihr nicht nachbereitet oder zwischendurch wiederholt wurden, hat sie einen großen Teil des Lernstoffs schon wieder vergessen. Im Zuge der Prüfungsvorbereitung muss sie folglich in einigen Fächern ganz von vorn beginnen. Das kostet naturgemäß viel Zeit und Mühe. Neben den gewohnten Weihnachtsferien genehmigt sie sich lediglich einen vierwöchigen Urlaub, um nicht allzu viel Zeit zu verlieren. Dennoch gerät sie mit dem näher rückenden Examenstermin zunehmend unter Zeitdruck.

Gegen Ende des zwölften Semesters geht Bettina schließlich ins Examen. Aufgrund von zahlreichen nicht vollständig geschlossenen Wissenslücken schafft sie leider nur einen Notendurchschnitt von „noch befriedigend". Immerhin hat sie nur eine einzige Klausur ganz in den Sand gesetzt. Die vielen entbehrungsreichen Monate der Examensvorbereitung waren also nicht umsonst.

Diplomarbeit

Anschließend macht sich Bettina an ihre Diplomarbeit. Bereits nach wenigen Wochen muss sie feststellen, dass sich ihre Wissenslücken auch auf einige im Rahmen der Diplomarbeit anzuwendende wissenschaftliche Methoden erstrecken. Nur vage kann sie sich daran erinnern, dass diese Methoden Bestandteil des Lernstoffs lange vergessener Grundstudiumsveranstaltungen waren.

Mit der Wiederholung des alten Lernstoffs verliert Bettina viel Zeit. Einen Monat vor dem Ablauf der Abgabefrist muss sie sich eingestehen, dass die vorgesehene Bearbeitungszeit von drei Monaten trotz ihres relativ hohen Arbeitspensums nicht reichen wird. Sie bemüht sich deshalb beim Prüfungsamt erfolgreich um eine einmonatige Verlängerung der Frist und gibt die Arbeit schließlich nach insgesamt vier Monaten ab. Auf die Weihnachtsferien muss sie diesmal allerdings verzichten, denn der endgültige Abgabetermin liegt nun ausgerechnet am Jahresanfang. Ihr hoher Arbeitseinsatz wird mit der Note „gut" honoriert.

Fazit

Die aus den Noten der Examensprüfungen und der Diplomarbeit resultierende Gesamtnote „befriedigend" findet Bettina durchaus akzeptabel. Schließlich haben nur wenige Kommilitonen, die im gleichen Semester ins Examen gegangen sind, bessere Noten erzielen können. Einige sind sogar durchgefallen. Besonders stolz ist sie natürlich auf ihre Diplomarbeit.

Dessen ungeachtet sind Bettinas Chancen auf dem Arbeitsmarkt alles andere als erfreulich, denn ihr Studium hat sie immerhin fast 13 Semester gekostet. Ihre Konkurrenten um die knappen Arbeitsplätze für Hochschulabsolventen sind zum Teil deutlich jünger und dürften deshalb von potenziellen Arbeitgebern bevorzugt werden.

Glücklicherweise brauchte sie dank der Unterstützung durch ihre Eltern keinen Nebenbeschäftigungen zur Finanzierung ihres Lebensunterhalts nachzugehen, sondern konnte sich mit einigen Ferienjobs begnügen. Durch eine ständige Nebenbeschäftigung hätte sich das Studium wohl nochmals um mindestens zwei Semester verlängert.

8.4 Gegenüberstellung

Der wesentliche Unterschied zwischen den beiden hier vorgestellten fiktiven Arbeitsaufwandsprofilen liegt, abgesehen von der Anzahl der Semester, ganz offensichtlich in den Schwankungen des wöchentlichen Arbeitspensums. Andreas Arbeitsaufwandsprofil ist wesentlich gleichmäßiger. Es zeigt keine hohen Spitzen mit mehr als 40 Stunden Arbeit in einer Woche. Außerdem sind die vollkommen arbeitsfreien Perioden im Mittel kürzer als bei Bettina. Das liegt zum einen daran, dass Andrea auf Ferienjobs gänzlich verzichtet, und zum anderen an ihrem geringeren Erholungsbedarf. Wer regelmäßig etwa 32 Stunden pro Woche arbeitet, ist zu Beginn der Semesterferien naturgemäß nicht so erholungsbedürftig wie jemand, der sich gegen Ende des Semesters mehrere Wochen lang intensiv auf die anstehenden Prüfungen vorbereiten muss. Dennoch kommt der Urlaub auch bei Andrea nicht zu kurz.

Dagegen verzeichnet Bettinas Arbeitsaufwandsprofil zahlreiche starke Ausschläge nach oben und nach unten. In den Semesterferien gibt es grundsätzlich längere Pausen, in denen sie sich gänzlich von ihrem Studium abwendet und die Zeit mit Urlaubsreisen und Ferienjobs verbringt. Diese Zeiten erweisen sich bezüglich des Studiums als besonders kontraproduktiv, weil sie jedes Mal aus dem Lernen herauskommt und dann später entsprechende Anlaufschwierigkeiten hat. Die Spitzen von bis zu 60 Stunden pro Woche, die Bettinas Arbeitsaufwandsprofil vor jeder Prüfung aufweist, verursachen einen enormen Stress und beeinträchtigen die Freude am Studium und das Interesse am Studienfach. Die langen Semesterferien können diesen Verlust kaum kompensieren.

Kenngröße	Andrea	Bettina
Dauer Grundstudium	4 Semester	5 Semester
Dauer Hauptstudium	4 Semester	7 Semester
Dauer Examensvorbereitung	8 Wochen	34 Wochen
Dauer Diplomarbeit	11 Wochen	17 Wochen
Studiendauer insgesamt	9 Semester	13 Semester
Note Examen	gut	noch befriedigend
Note Diplomarbeit	gut	gut
Gesamtnote	gut	befriedigend
Arbeitsaufwand insgesamt	5589 Stunden	8565 Stunden
durchschnittlicher Arbeitsaufwand pro Semester	666 Stunden	666 Stunden
maximaler wöchentlicher Arbeitsaufwand	40 Stunden	60 Stunden

Abb. 22: Kenngrößen der Studienverläufe

Abb. 22 fasst die wichtigsten Unterschiede der beiden Studienverläufe zusammen. Obwohl Andrea mit einer besseren Gesamtnote abschließt, brauchte sie allein wegen der um vier Semester kürzeren Studienzeit erheblich weniger Arbeit in ihr Studium zu investieren. Die insgesamt für das Studium aufgewendete Zeit, die man sich grafisch durch Aufeinanderstapeln aller Balken des Arbeitsaufwandsprofils vorstellen kann, beträgt lediglich 5.589 Stunden. Bettinas Arbeitsaufwandsprofil setzt sich dagegen aus 8.565 Stunden zusammen. Das sind immerhin 2.976 Stunden oder gut 53 Prozent mehr als bei Andrea.

Der durchschnittliche Arbeitsaufwand pro Semester (mit Ausnahme des letzten, unvollständigen) beträgt sowohl bei Andrea als auch bei Bettina 666 Stunden. Die These, ein schnelleres Studium erfordere grundsätzlich ein höheres wöchentliches Arbeitspensum, ist somit nicht haltbar. Der extrem hohe Arbeitseinsatz, den Bettina während der Prüfungsvorbereitungen leistet, kompensiert offensichtlich die größere Freizeit, die sie während der normalen Vorlesungszeit und in den Ferien für sich beansprucht. Dazu trägt vor allem die Zeit der Examensvorbereitung im elften und zwölften Semester bei. In den jeweils ersten Semestern des

Grundstudiums und des Hauptstudiums ist Bettinas Arbeitspensum indes vergleichsweise gering, da nur wenige bzw. keine Prüfungen anstehen. Abb. 23 gibt eine abschließende Übersicht über den Arbeitsaufwand unserer beiden Studentinnen in den einzelnen Semestern.

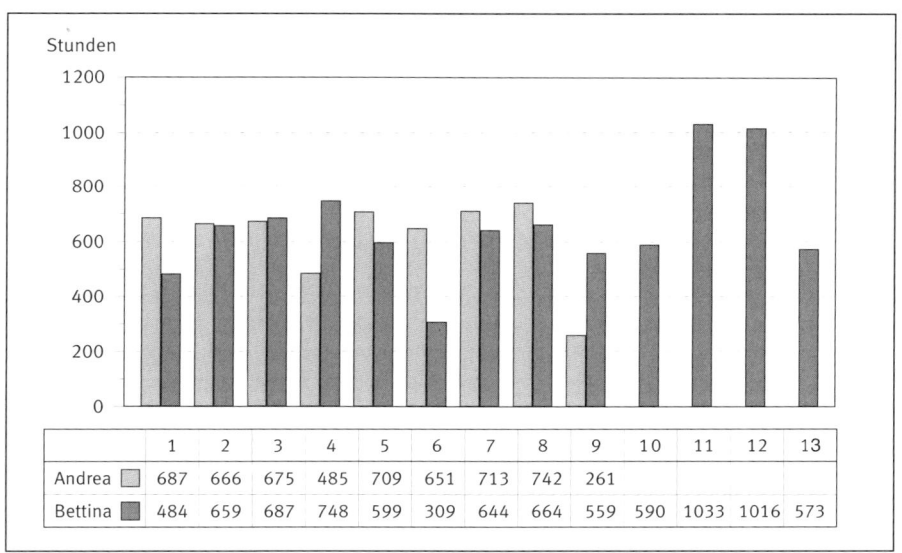

Abb. 23: Andreas und Bettinas Arbeitsaufwand pro Semester

Generell gilt, dass eine gleichmäßige Arbeitsverteilung erheblich effizienter und stressfreier ist als ständig wechselnde Perioden mit geringer und hoher Arbeitsbelastung. Stress kommt vor allem beim Arbeiten unter Zeitdruck auf. Eine stetige Arbeitsbelastung von durchschnittlich 32 Stunden pro Woche strengt dagegen kaum an und wird schnell zur positiven Gewohnheit.

Ein besonderer Vorteil besteht darin, dass die gewiss nicht sehr angenehme Zeit der Examensvorbereitung, die für Bettina immerhin fast zwei Semester dauert, auf wenige Wochen zusammenschrumpft. Die Examensvorbereitung kann zudem ohne spürbare Vergrößerung des gewohnten Arbeitspensums praktisch nebenbei erledigt werden.

In Anbetracht der zahlreichen Berichte von Examenskandidaten über den gewaltigen Arbeitsaufwand, den sie im Rahmen der Examensvorbereitung zu bewältigen haben, mag Ihnen das illusorisch erscheinen. Sie sollten aber bedenken, dass die weitaus meisten Studenten aus Mangel an eigenen Konzepten der breiten Masse folgen und somit ein ähnliches Arbeitsaufwandsprofil wie Bettina haben. Wer gezwungen ist, große Teile seines Hauptstudiums in einer ein- oder zweisemestrigen Examensvorbereitung nachzuholen, ist in dieser Zeit nun einmal einer sehr hohen Arbeitsbelastung ausgesetzt. Diejenigen, deren Arbeitsaufwandsprofil eher dem von Andrea gleicht, sind eindeutig in der Minderheit und haben zudem kaum Spektakuläres über Ihre Examensvorbereitung zu berichten.

Schlusswort

Der erste Schritt in Richtung auf ein überdurchschnittlich schnelles und erfolgreiches Studium ist die Einsicht, dass ein langsames Studium keinerlei Vorteile bringt. Insbesondere das Argument, ein schnelles Studium sei mit einer höheren durchschnittlichen Arbeitsbelastung verbunden, erweist sich bei genauer Betrachtung als falsch. Auch die nahe liegende Vermutung, ein langsames Studium sei gründlicher und führe zu einer besseren Examensnote, ist keineswegs gesichert. Eine kurze Studiendauer wirkt sich zudem außerordentlich positiv auf die Chancen am Arbeitsmarkt aus. Wer erst mit Ende 20 oder gar Anfang 30 die Universität verlässt, muss sich heutzutage ernsthaft Sorgen um den Einstieg ins Berufsleben machen.

Nur wer nicht bereit ist, sich mit einer langen Studiendauer und einer durchschnittlichen Examensnote zufrieden zu geben, hat überhaupt die Chance, schneller und erfolgreicher zu studieren. Führen Sie sich die zahlreichen Vorteile eines zügigen Studiums also stets vor Augen. Wenn Sie sich dann noch die Empfehlungen dieses Ratgebers zu Herzen nehmen, sollten Sie keine allzu großen Probleme haben, bei vergleichsweise geringem Arbeitsaufwand Ihre Ziele in Bezug auf die Studiendauer und die Examensnote zu erreichen.

Die wichtigsten Empfehlungen, also die Kernpunkte, auf die in den vorangehenden Kapiteln wiederholt hingewiesen wurde, sollen abschließend noch einmal zusammengefasst werden:

- sorgfältige Planung des Studiums,
- regelmäßige Nachbereitung aller Veranstaltungen,
- Begrenzung der täglichen und wöchentlichen Arbeitsbelastung und
- wirksames Zeitmanagement.

Statt einfach draufloszustudieren, sollten Sie Grund- und Hauptstudium detailliert vorausplanen. Insbesondere sind die Termine sämtlicher Leistungsnachweise, also Prüfungen, Seminare, Fortgeschrittenenübungen, Labor- und Berufspraktika, Abschlussarbeit und Examen, genau festzulegen. Alle Leistungsnachweise sind zum jeweils frühestmöglichen Zeitpunkt zu erbringen. Um dies zu gewährleisten, halten Sie sich im Grundstudium einfach an den Musterstundenplan Ihres Fachbereichs. Das Hauptstudium erfordert wegen der komplizierten Vorlesungszyklen und der Unwägbarkeiten bei der Planung von Seminaren, Fortgeschrittenenübungen und Laborpraktika etwas mehr Überlegung und zusätzlich eine gewisse Flexibilität. Selbstverständlich sind auch die Semesterferien in die Planung einzubeziehen.

Alle Veranstaltungen müssen grundsätzlich innerhalb von 36 Stunden nachbereitet und die Vorlesungen zusätzlich in den Semesterferien im Zusammenhang wiederholt werden. Durch die Nachbereitung wird der Lernstoff so weit im Gedächtnis verankert, dass er anschließend über längere Zeit haften bleibt. Im Zuge der Nachbereitung sind außerdem sämtliche noch verbliebenen Verständnisschwierigkeiten aufzuklären. Nur so können Sie vermeiden, in den Veranstaltungen den Faden zu verlieren und dann bis zum Ende des Semesters nur noch von der Tafel abzuschreiben.

Ihre tägliche Arbeitszeit sollte sechs Stunden normalerweise nicht überschreiten, denn konzentrierte geistige Arbeit ist sehr anstrengend. Um dennoch auf das für die Vorlesungszeit empfohlene wöchentliche Arbeitspensum von 32 bis 36 Stunden zu kommen, müssen Sie auch am Wochenende etwas Zeit für Ihr Studium opfern. Dafür bleiben Ihnen die typischen Phasen mit bis zu zwölf Stunden Arbeit pro Tag, die die meisten Ihrer Kommilitonen vor Prüfungen einlegen, erspart.

Um sich selbst mit sanftem Druck zu kontinuierlicher Arbeit anzuhalten, können Sie für jeden Wochentag Zeitvorgaben festlegen und Ihre Soll- und Istzeiten auf einem Arbeitszeitkonto oder in einem Studientagebuch notieren. Ihre persönliche Entscheidungsfreiheit wird dadurch kaum beeinträchtigt. Sofern Sie die erforderliche Selbstdisziplin aufbringen und sich im Wesentlichen an Ihre Zeitvorgaben halten, also kein hohes Arbeitszeitdefizit aufbauen, werden Sie nie mehr von Zweifeln bezüglich der richtigen Höhe Ihres Arbeitspensums geplagt und können nach erbrachtem Tagessoll Ihren Feierabend voll und ganz genießen.

Darüber hinaus wurden in diesem Ratgeber zahlreiche weitere Vorschläge gemacht, wie Sie Ihr Studium rationeller organisieren, wie Sie effizienter lernen und Ihre Zeit besser einteilen können. Doch all diese Empfehlungen und Vorschläge sind vollkommen wertlos, wenn Sie sie nicht in die Tat umsetzen. Das ist zugegebenermaßen nicht immer einfach. Wer beispielsweise ein freies Wochenende gewohnt ist, wird sich am Samstagvormittag nur schwer zur Nachbereitung der Vorlesungen vom Freitag aufraffen können. Die beste Methode, sich derartige positive Gewohnheiten anzueignen, ist das in Kapitel 4 vorgestellte Zeitmanagementsystem, mit dem jede Stunde Arbeit durch ein entsprechendes Plus auf dem Arbeitszeitkonto belohnt wird.

Am Schluss kann deshalb nur die Aufforderung stehen: Machen Sie von möglichst vielen der hier aufgezeigten Techniken wirklich Gebrauch! Sie werden in der Summe nicht mehr als Ihre Kommilitonen arbeiten müssen, kommen nur selten in Stresssituationen und können Ihr Studium dennoch schnell und erfolgreich abschließen.

Stichwortverzeichnis